おうちケアで−5歳の肌になる

美肌BOOK

[監修] 皮膚科医 久野菊美

10年ぶりの同窓会
うちのクラス誰が来てるかなー♪
もぐもぐ
みんな変わったなぁ……
学園のアイドルも…
おばちゃんっ
憧れの君も…
サラッ
おうっ
うすっ
私だってあの頃は…
お肌パンパン
ピカピカ
時はザンコク
小ジワ
たるみ
カサカサ
ドンッ
ゲフッ
あら♪めぐ久しぶり♪
ええーっ!?
美紀!?

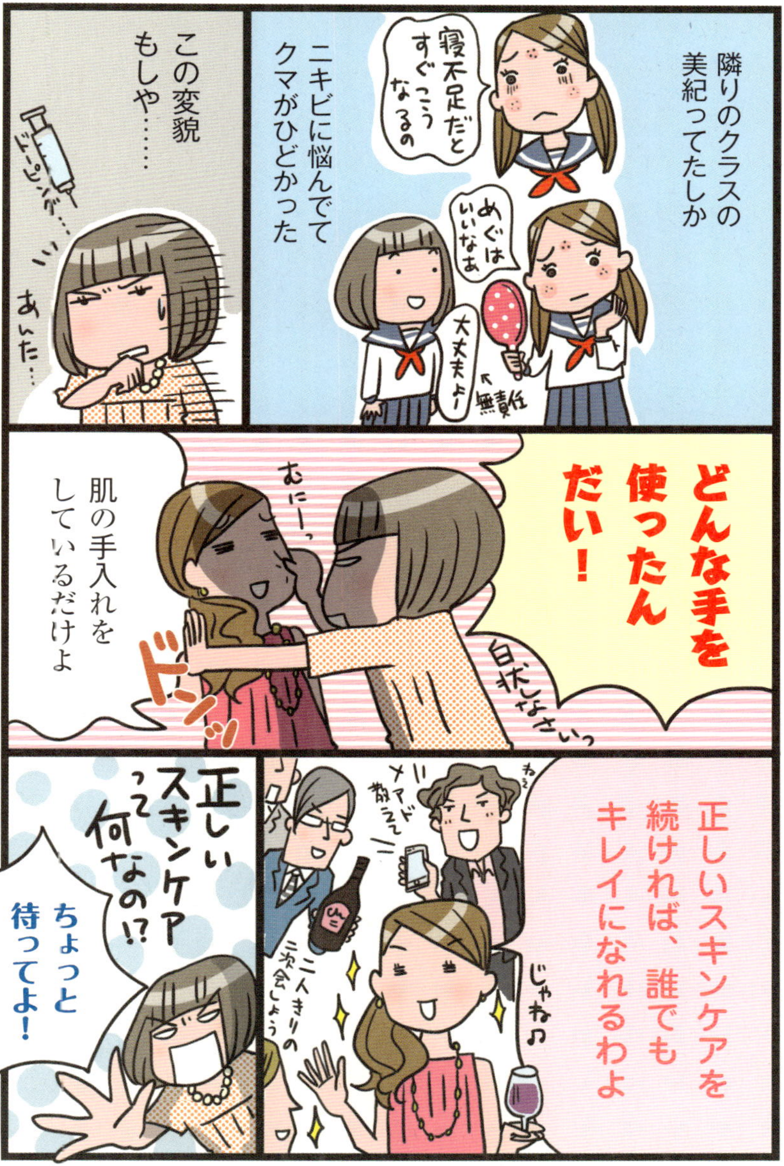
隣りのクラスの美紀ってたしか
寝不足だとすぐこうなるの
ニキビに悩んでてクマがひどかった
めぐはいいなあ
大丈夫よ
無責任
この変貌もしや……
ドーピング……
あんた…
どんな手を使ったんだい！
白状しなさいっ
むにーっ
肌の手入れをしているだけよ
ドンッ
正しいスキンケアを続ければ、誰でもキレイになれるわよ
ねえ
メアド教えて
二人きりの二次会しよう
じゃあね♪
正しいスキンケアって何なの!?
ちょっと待ってよ！

contents

もくじ

第１章　美肌の基本

第2章　症状別ケア

第３章　美肌のための生活習慣

●本書で紹介しているケアは効果を保証するものではありません。効果には個人差があります。症状がひどい場合は必ず医師や病院に相談してください。

●本書のレシピは、体に必要な栄養素が不足している場合は有効に働きますが、特定の栄養素ばかりを過剰に摂取しても疾病が治癒したり、より健康が増進するものではありません。栄養素をバランスよくとることが必要です。

●肌に直接塗るものは、必ず事前にパッチテストを行ってください。二の腕の内側に塗って１日置き、赤みや炎症が出ないか確認します。炎症などが出た場合は、すぐにパッチテストを中断して洗い流してください。症状が続く場合は専門医に相談してください。

●小麦粉やアルコールなど、食材にアレルギーがある場合は、決して使用しないでください。

character
人物紹介

めぐみ（33）

お気楽生活をしているアラサーOL。肌の不調を感じながらも、どうしていいかわからず放置している。

博子（42）

小学生の息子を持つワーキングマザー。40代に突入してから、肌の老化を実感するようになった。

奈々（24）

大人ニキビに悩む20代OL。食べるのが大好きで、コンパや女子会に夜な夜な繰り出していて、寝不足気味。

美紀（33）

皮膚科医で、肌に悩む人々に美肌のアドバイスをしている。めぐみの同級生だが、見た目は20代前半。

かおる（年齢不詳）

元カリスマヘアメイクという過去を持つ、オーガニックカフェの店長。美意識が高く、おブスな女性に厳しい。

ミランダ

かおる店長の飼っているネコ。店長同様、美意識が高く、美容に手を抜く女性を見ると威嚇する習性がある。

第1章

美肌の基本

美しい肌を手に入れるのは簡単。
正しいスキンケアを毎日続けるだけです。
肌の仕組みに合ったアプローチをしましょう。

この女優さん
たしか同じ歳、
キレイだな…
ポリ
ポリ
POTATO
くやしい……
私の肌はボロボロなのに
この気持ち
同窓会でも…
ピロリン
美紀……
恐ろしい子
美紀からだ
ウワサを
すれば…
なに!!
秘密を
教えてくれる!?
ポリ
ポリ
ここで
待ち合わせって
書いてあった
けど……
病院じゃん
CLINIC
Coffee
きょろ
きょろ
めぐちゃん!
え!?

ようこそ♪
そのかっこうは…
実は、ここでクリニックをしてて……
ほへーーっ
そうなの!? すごいっ
肌トラブルで悩む人にアドバイスをしているの
いつ頃から?
職業柄、いろんな人の肌をつい見ちゃうんだけど
あの人ニキビあとが…
あの人はシミが…
あなたの肌がどうしても気になって
ガーン
シミ
シワ
カサカサ肌

私の肌ってそんなにヒドイの!?
助けてください美紀サマ
迷えるめぐみにおじひを〜
大丈夫だから
まずは、肌について勉強しましょう
肌のキメとは
○キメが整った肌
表面がなめらかで肌が明るく見える
表皮
真皮
○キメが乱れた肌
表面がガタガタで毛穴が目立つ
ふむふむ
『きれいな肌』
=『キメの整った肌』

キメが乱れる原因は色々あるの
紫外線
間違ったスキンケア
近所だしー
スッピン
←UVケアなし
ラクチン♪
シートでゴシゴシ
メイク落としは
ゴシゴシ
寝不足や偏食
ズズー
夜食うまーっ
笑いの深夜便
こうした生活を続けていると肌のバリア機能（→P18）が低下してキメが乱れるの
ガラガラ
肌を守る表皮と真皮の厚みはたった2ミリ
繊細っ
知識がないために肌を傷つけている人が多いのよ

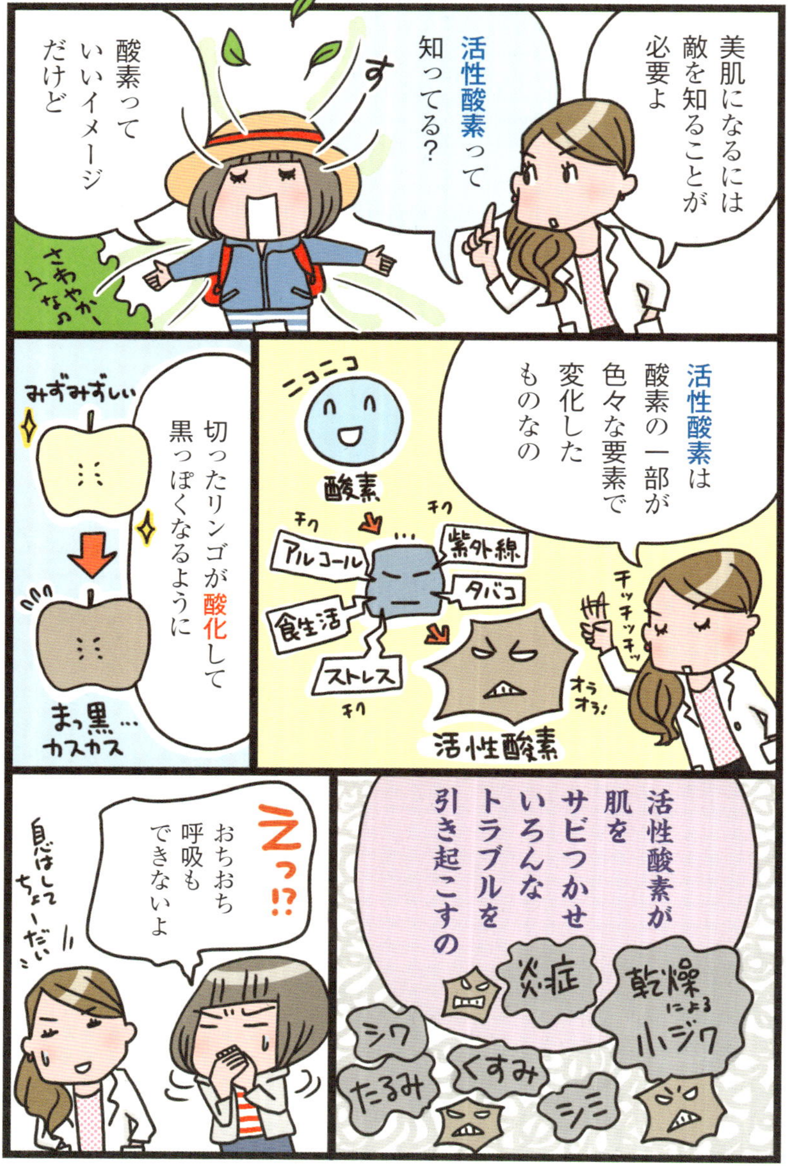

美肌になるには敵を知ることが必要よ
活性酸素って知ってる？
す
酸素っていいイメージだけど
さわやか、なの♪
活性酸素は酸素の一部が色々な要素で変化したものなの
ニコニコ
酸素
チク
アルコール
紫外線
タバコ
食生活
ストレス
活性酸素
チッチッチッ
オラオラ！
切ったリンゴが酸化して黒っぽくなるように
みずみずしい
まっ黒…
カスカス
活性酸素が肌をサビつかせいろんなトラブルを引き起こすの
乾燥による小ジワ
炎症
シワ
くすみ
たるみ
シミ
えっ!?
おちおち呼吸もできないよ
息はしてちょーだい

肌の敵はそれだけじゃないの
出たなっ
肌の敵
糖化（→P138）にも注意が必要よ
とうかっ？
例えばホットケーキは糖質（小麦粉・砂糖）とタンパク質（牛乳・卵）が加熱されてコゲ色ができるの
いい色♪
MILK
小麦粉
糖分をとりすぎると体内のタンパク質と結びついて肌もコゲるのよ
え゛ー
くすみ
かさつき
角質が厚くなる
美肌のためにも抗酸化&抗糖化生活を心がけて！
美の戦士ね
ザクッ
酸化
美肌の敵と戦うのよ!!
ザクッ
糖化

肌の仕組み

肌の構造を知って的確なケアを

外からは1枚に見える皮膚ですが、左図のように3層からできています。美容上重要なのは、最上部の表皮。表皮は4層構造で、キメが整っているというのは、角質層の状態がよいということ。正しいスキンケアと食事、睡眠などで肌のキメを整えましょう。

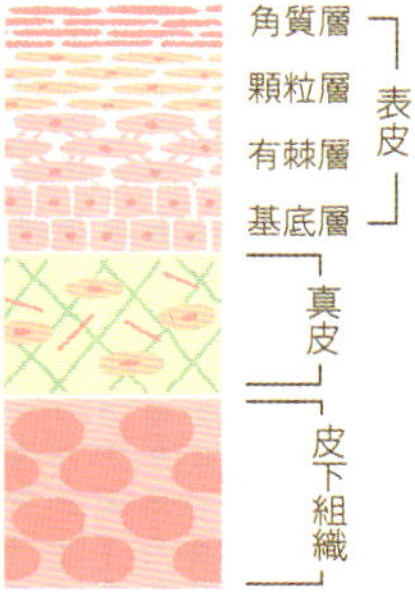
角質層
顆粒層
有棘層
基底層
表皮
真皮
皮下組織

ターンオーバーとは

肌のキメを整えるポイントのひとつがターンオーバー。これは、表皮が新しい細胞に入れ替わるサイクルのこと。皮膚は肌の奥で生まれた細胞が、表面に押し上げられ、最後はアカとなって自然にはがれ落ちるようになっています。

歳をとると、ターンオーバーの周期が長くなります。逆に病気などでターンオーバーが早まりすぎると、皮がむけることもあります。

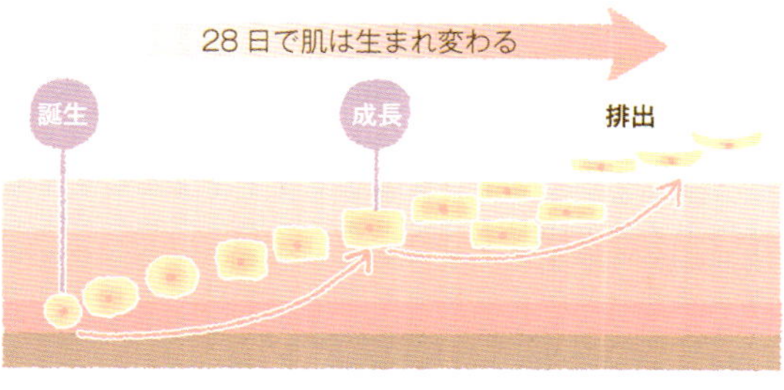
28日で肌は生まれ変わる
誕生
成長
排出

肌の奥で毎日新しい細胞が生まれる

生まれた細胞は成長しながら表皮へと上がっていく

角質層を形成し28日後には、押し出される

周期は年齢で変化する

ターンオーバーの周期は28日前後が理想ですが、年齢とともに長くなります。周期が長くなると、古い角質が表面にたまり、肌トラブルが発生しやすくなるので、ピーリングなどで古い角質を取り除きましょう。

ターンオーバーの周期

10代	約20日	40代	約55日
20代	約28日	50代	約75日
30代	約40日	60代	約100日

30代になったら角質ケアを始めましょ!

ターンオーバーを早めるケア

角質ケア化粧品で古い角質を取り除き、ターンオーバーを早めましょう。

角質ケア美容液でピーリング

アルファヒドロキシ酸(AHA)などのフルーツ酸やグリコール酸など、角質を取り除く成分が含まれた美容液をお手入れにプラスしましょう。

タバコをやめる

タバコは血液の循環を悪くしてターンオーバーを遅くします。他にも美肌に必要なビタミンCを壊すなど肌トラブルの原因になります。

塗るだけタイプなら簡単!
美容液

角質ケアは、肌の調子を見ながら1週間に1回程度行いましょう。

肌のバリア機能

外的刺激をブロックして内側の水分をキープ

紫外線など、外からの刺激をブロックしたり、内側から肌のうるおいを逃さないようにするのが、肌のバリア機能。バリア機能が低下すると、水分を与えてもうるおいをキープできないので、乾燥しやすくなります。また、刺激に敏感になり、ピリピリしたり、赤くなるなどの皮膚炎になることもあるので、毎日の保湿ケアでバリア機能を高めましょう。

バリア機能が低下すると

バリア機能が低下すると、肌の内部にホコリやダニなどの刺激物質が侵入し、かゆみや肌荒れを引き起こします。かくことでかゆみが増し、角質層が傷ついて、さらに機能が低下するという、負のスパイラルに陥ります。

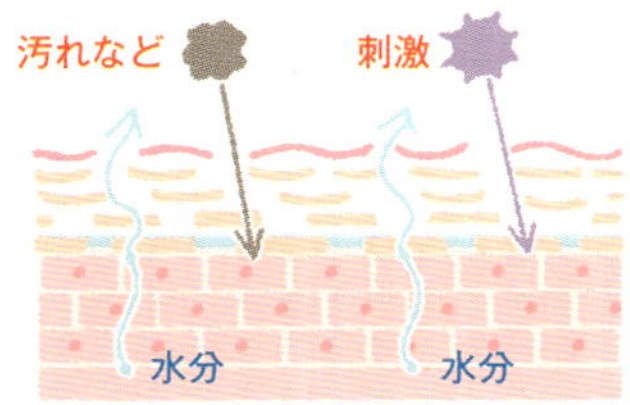
汚れなど
刺激
水分
水分

肌の敵は酸化と糖化

肌に悪影響を与える原因として、気をつけたいのが、肌をサビさせる「酸化」（→P136）と肌をコゲさせる「糖化」（→P138）。肌だけでなく、体全体に悪影響があり、ガンを引き起こすともいわれています。抗酸化&抗糖化のスキンケアや食事で予防しましょう。

肌の老化…
ガン…
恐ろしい…

バリア機能を高めるケア

バリア機能をアップするのに欠かせないのが保湿。保湿ケアを取り入れて、うるおいをキープする肌を目指しましょう。

美容液で保湿

バリア機能を高めるのに効果的なのは、保湿成分配合の美容液でうるおいを与えること。特に、保湿力が高いセラミド入りがおすすめ。

セラミド化粧品を選ぶ基準

人の肌と同じ構造で肌なじみのよい、ヒト型セラミド1、2、3が配合されたものを選びましょう。

ヒアルロン酸、コラーゲン、アミノ酸も保湿ケアにおすすめ。

「抗酸化」&「抗糖化」生活を送ろう

紫外線ケアや運動、健康な肌をつくる食事で、酸化や糖化のダメージを防ぐ生活を心がけましょう。

抗酸化ケア

- 紫外線を予防する（フラーレンやビタミンC、Eなど抗酸化成分が入った日焼け止めがおすすめ）
- 専用の美容液を使う（ビタミンA、C、Eやポリフェノール配合のもの）
- 冷凍食品の揚げ物やポテトチップスなど、油で加工された後、時間が経過したものは避ける

抗糖化ケア

- 運動で血糖値の急上昇を抑える（食後すぐに10分歩くなど）
- 炭水化物（糖質）をとりすぎない
- 食べる順番を野菜→肉→ご飯の順にして、血糖値の上昇を抑える

肌タイプを知ろう！

自分の肌タイプを知って、肌質に合ったお手入れをしましょう。

肌タイプチェック！

当てはまる項目が多いものが、あなたの肌タイプ。

乾性肌

- □ 朝起きると全体的にカサついている
- □ 洗顔後、何もつけないとつっぱる
- □ 小ジワが目立つ
- □ 肌のキメが細かい
- □ ニキビになりにくい

寝起き＆洗顔後の状態で肌タイプがわかるのよ
これはヒドイ…
ボーーッ

隠れ乾性肌

- □ 洗顔直後はカサつく
- □ 洗顔後、しばらくするとベタつく
- □ 毛穴が開きやすい
- □ 肌にハリがなく、細かいシワが多い
- □ ニキビができやすい

脂性肌

- □ 朝起きると肌がベタついている
- □ 洗顔後、すぐ肌に皮脂が浮いてくる
- □ 毛穴が開きやすい
- □ 化粧崩れしやすい

混合肌

- □ 洗顔後、部分的につっぱる
- □ Tゾーンはベタつくのに、目や口の周り、頬はカサつく
- □ 胸や背中にニキビができやすい

普通肌

- □ 朝起きても、ベタつきやカサつきがない
- □ 肌はみずみずしく、しっとりしている
- □ 肌トラブルが起こりにくい

30歳をすぎると、ホルモンの関係で混合肌が増えるといわれています。

タイプ別ケア

自分の肌質に合ったケアを続ければ、誰でも健康な肌になれます。

乾性肌

乾燥した肌に必要なのは油分と水分。洗顔で皮脂を落としすぎないようにして、セラミドなど保湿成分の入った美容液でうるおいを与えましょう。

自称「敏感肌」はほとんどこのタイプ

隠れ乾性肌

皮脂が多くてテカっているのに、内部はカサカサというのが、このタイプ。肌の水分量を増やすための保湿ケアを行いましょう。

脂性肌

洗顔で皮脂をきちんと落としましょう。日中は、あぶら取り紙やティッシュで、皮脂を拭き取ります。ストレスや寝不足で皮脂が増えることもあるので注意して。

混合肌

普通肌の部分と脂性肌 or 乾性肌の部分が混在しているタイプ。部分によってお手入れを変えるのがベストですが、迷ったら、乾性肌タイプのケアをしましょう。

普通肌

皮脂量、水分量のバランスがいいので、今まで通りのお手入れでOK。ただし、乾燥してきたなと感じたら、デイリーケアに保湿美容液をプラスしましょう。

数週間後
ねえ…
○△商事
めぐみさん最近変わったね
パタパタ
え？
何がですか？
近ごろめぐ先輩ヘンです
バタン
いたんかいっ
ニキビが消えてるし
肌もツヤツヤ
えーっ
めぐ先パイじゃないみたい!!

高級コスメを使ってるの？
どこの？
それとも恋♥
紹介して!!
うっとり
ああ…♪
ふふふ
先輩たちおかしかったな
スキンケアを変えただけなのに
ハッ!!
クレンジング忘れてた
クレンジング料はやさしくなじませて素早く落とすのがポイント
前はついでにマッサージをして肌を傷つけてたな
ぐりぐりぐり
クレンジング

洗顔はぬるま湯で
ザブッ
お風呂と同じ温度だと皮脂を落としすぎて乾燥の原因になるのよね
ザバーッ
40度くらい
じわー
じわー
化粧水は手で包み込むように
化粧水
ペシ
ペシ
NG
叩き込むと刺激で炎症し乾燥肌の原因に
美容液→乳液（クリーム）の順につけるのが効果的
逆だと油分で美容液が浸透しにくいの
①
肌
美容液
美容成分注入
②
クリーム
クリームで油分を
肌しっとり
正しいスキンケアでしっとり
もちもち

休日
ピカー
caffe Organic
遅いなー
美紀が指定したカフェなのにっ
おまたせー♪
つば広帽子
サングラス
ロング手袋
ストール
日傘
うわっ
本当に美紀？
なにそのカッコ
もちろんよ
どこの女優かと思った？

いらっしゃいませ♡
ハッ
やだっ美紀!?
店長!!
ひさしぶりー!
元気ー?
会いたかったわ~
…
紹介するわ
元カリスマヘアメイクにしてこのオーガニックカフェのオーナーかおるさん
よろしくね♡
ニャー
ーと、ネコのミランダ
私の美の師匠なの
ヘぇー
交友範囲が広いこと…
ちょっとそこのおブスちゃん
もしや私?

そんな丸ごしで紫外線と戦えると思っているの？
無知って恐ろしい
フーッ
肌の老化の原因の8割は紫外線なの
UV
ヒュン
ヒュン
ヒュン
ヒュン
助けて〜
UVケアありがとう!!
ひとり歩きはあぶないぜ
カン
カン
カン
カン
UVケア
美しくなるには紫外線対策が欠かせないのよ
ラジャー!!
翌朝
指さし確認
耳よし！首よし！
塗り残しなし！
UVケア
これで安心

お手入れの基本

美肌の基本は正しいスキンケア

美しい肌になるために化粧品を細かく使い分ける必要はありません。大切なのは、皮膚を清潔に保ち、保湿して、紫外線などの刺激から肌を守ること。毎日使うクレンジング料、洗顔料、化粧水、美容液、乳液またはクリームがあれば十分。肌の状態に合ったものを選ぶことが重要です。

ブランドで揃える？

化粧品を同一ブランドで揃えると、そのブランドがテーマにしているケア（アンチエイジングや美白など）を目的にしたお手入れができますが、必ずしも揃えることにこだわる必要はありません。洗い流してしまうクレンジング料や洗顔料はリーズナブルなものを選び、美肌効果を求める美容液は、成分にこだわってリッチなものを選ぶなど、自分に必要なものを組み合わせて使えばＯＫです。

化粧品の保管ルール

・高温多湿を避ける

直射日光や暖房が直接当たる場所、浴室など湿度が高い場所は、菌が繁殖しやすいので、風通しのよい部屋の棚など、冷暗所に置きましょう。

・未開封なら3年が目安

使用期限が書かれていない化粧品の場合、未開封で3年以内のものは使えます。開封後は酸化が始まるので、早めに使い切りましょう。

スキンケアの手順

お手入れの順番を守って健康な肌に！

朝は保護するスキンケア

紫外線など外の刺激から肌を守るケアを

❶洗顔

寝ている間の汗、枕やシーツのホコリなどを落とす。

❷化粧水

肌をうるおし、この後のスキンケア化粧品の浸透力をアップ。

❸美容液

保湿美容液など、肌の調子を整えるタイプを使う。

❹乳液・クリーム

栄養と油分を与える。

❺紫外線ケア

日焼け止めを塗り、紫外線を防ぐ。

夜は補修のスキンケア

美白や保湿にこだわったケアでダメージを改善

❶クレンジング

メイクや皮脂など油性の汚れを落とす。

❷洗顔

クレンジングで落としきれなかったメイクや汗などの汚れを落とす。

❸化粧水

肌をうるおし、この後のスキンケア化粧品の浸透力をアップ。

❹美容液

保湿、美白、シワなど、肌の状態に合わせて使う。

❺乳液・クリーム

栄養と油分を与える。

保湿や美白など２種類以上の美容液を使う場合は、水っぽいものから順に使いましょう。

クレンジング

メイクをした日は必ずクレンジングを

クレンジングの目的は、メイクなど油性の汚れを落とすこと。メイクをした日は必ずクレンジングをする必要があります。落とさず寝てしまうと、メイク汚れが酸化して、毛穴をふさぎ、肌トラブルの原因に。健康な細胞をつくる機能が低下してしまいます。

クレンジングの仕組み

クレンジング料の多くは油分と界面活性剤でつくられています。メイクを洗い流す時、水と皮脂やメイクの油分をなじませる働きをするのが、界面活性剤です。しかし、オイルクレンジングは界面活性剤の配合が多いため、汚れを落とす力が強すぎて、皮脂を一緒に落としてしまうことも。肌が乾燥している時は、界面活性剤の少ないクリームタイプがおすすめです。

クレンジング料の成分

クレンジング料の主な成分である界面活性剤は、シャンプーやリンス、洗顔料、乳液などにも使われています。

界面活性剤の大半は石油系成分を起源としたもので、PEG、ラウリル硫酸Naなどがあります。使い続けると肌を守るバリアを壊す恐れがあるため、できるだけ石油系成分を起原とした界面活性剤が入っていないものを選びましょう。

クレンジング料の選び方

クレンジング料は肌タイプやメイクの濃さで選びましょう。

肌にやさしい

クリームタイプ

油分が多く、界面活性剤は少なめ。肌にやさしいので普段使いにおすすめ。

薄めのメイクに

乳液タイプ

クリームタイプより油分が少ないため、水に溶けやすく、洗い流しやすい。薄めのメイクの時に使う。

洗い心地さっぱり

ジェルタイプ

水の成分に界面活性剤を多めに入れたもので、さっぱりした洗い心地が特徴だが、皮脂を奪い去りやすいものもある。

濃いメイクに

オイルタイプ

強力な界面活性剤で、肌ダメージもかなり大きい。濃いメイクをした時にだけ使うように。

時間のない時に

シートタイプ

油分はほとんど含まず、界面活性剤の力でメイクを落とすので刺激が強い。また、拭き取る時の摩擦も負担になるので、こすらないように。

やさしくなでるように拭き取って

正しいクレンジングの方法

肌をやさしくなでるように手早くオフしましょう。

クリーム・乳液・ジェルタイプの場合

ピンク→イエロー→オレンジの順に

❶ 乾いた手にクレンジング料を取り、Tゾーンになじませる。

❷ 頬、あごにのせ、Uゾーンになじませたら、皮膚の薄い目もと、口もとになじませる。

❸ ぬるま湯でサッと流す。

オイルタイプの場合

OIL

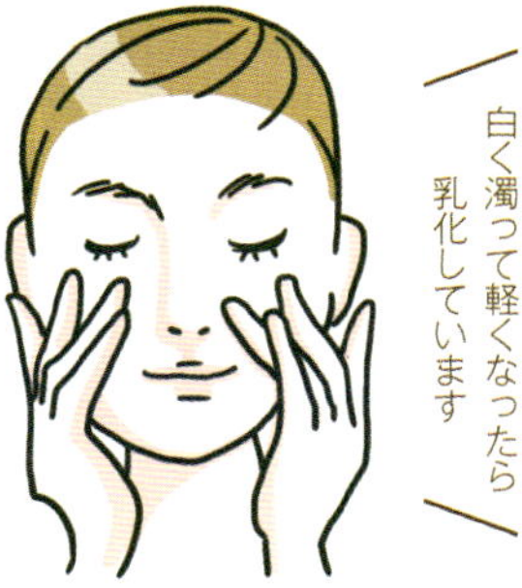
白く濁って軽くなったら
乳化しています

❶ 乾いた手に適量のクレンジング料を取る。

❷ 手に水かぬるま湯を含ませて、顔の上でやさしくオイルとなじませ、乳化させる。

❸ ぬるま湯でサッと流す。

クレンジングに時間をかけると肌を傷めます。１分以内に済ませましょう。

ポイントメイクの落とし方

アイラインやマスカラなどのポイントメイクは専用のリムーバーを使うのがベストです。

マスカラ・アイシャドウ

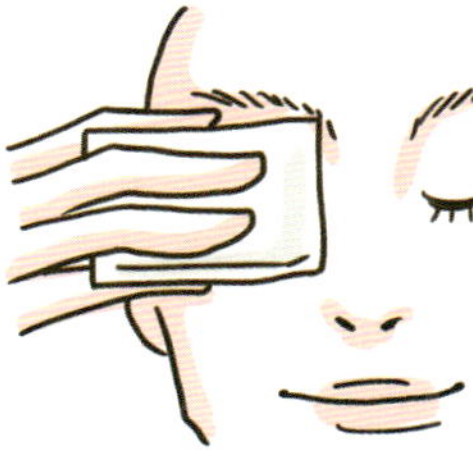

1. コットンにリムーバーを含ませて、まぶたの上にしばらく置きメイクになじませる。
2. 力を入れずに、上から下へやさしく拭き取る。
3. 下まぶたの汚れや、残ったマスカラは、コットンを半分に折った角でそっと拭き取る。

アイライン

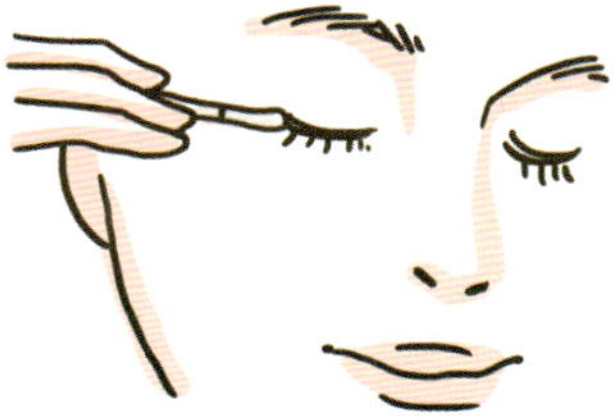

1. 綿棒にリムーバーをしみ込ませる。綿棒でまぶたをなでるように、アイラインを落とす。
2. まぶたのキワに入れたラインは、まぶたを持ち上げ、下から綿棒をあてて落とす。

クレンジングでマッサージはNG！

肌のすべりがいいからといって、クレンジングのついでにマッサージしてはいけません。クレンジング料は、洗浄力が強いので、マッサージクリーム代わりに使うと肌を傷めます。長時間使うと、乾燥を助長し、肌トラブルの原因になります。

洗顔

うるおいを守りながら汚れをスッキリ

肌の汚れには、汗、皮脂、アカなど、カラダから出るものと、ホコリなど外からつくものがあります。こうした汚れを落とすのが、洗顔の目的。しかし、洗いすぎると、肌に必要な皮脂まで洗い流してしまうので注意しましょう。

肌にやさしい
洗顔で
スッキリ！

朝の洗顔は不要？

睡眠中の肌はあまり汚れないので、乾燥肌タイプの人や皮脂分泌の少ない人は洗顔料を使わず、ぬるま湯ですすぐだけでもOK。脂性肌の人や、夜にクリームをたっぷり塗った時は、洗顔料を使って、ニキビやベタつきの原因となるクリームの油分や余分な皮脂を落としましょう。

泡は必要？

たっぷりの泡で洗うと、毛穴の汚れまで取れるといわれることがありますが、どんなに細かい泡でも、毛穴のなかには入りません。汚れを落とすのは洗浄成分。泡で洗うのは、肌を傷つけないためです。洗う時に指先が顔に直接当たらない程度に泡立てれば十分です。

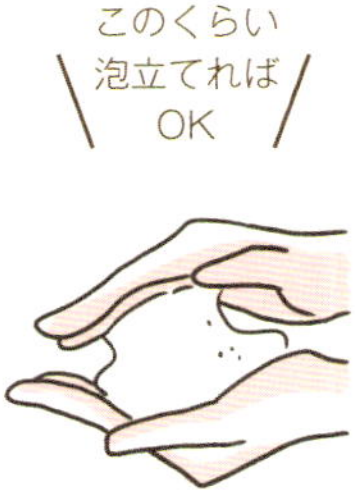
このくらい
泡立てれば
OK

洗顔料の選び方

色々なタイプが揃っている洗顔料。洗浄力はほとんど変わらないので、肌タイプや使いやすさで選んで。

どの肌質にも OK！

固形石けん

シンプルな製法の石けんは、適度な洗浄力でさっぱりと洗い上げるため、どんな肌質の人にも合う。

洗い上がりを選べる

フォーム

洗い上がりがしっとりするものやさっぱりするものなど、色々なタイプがあるが、しっとりタイプは脂性肌に向かない（→ P37）。

スッキリした洗い心地

リキッド

石けんに近い製法なので、油分を残さず、スッキリ洗い上がる。界面活性剤のみでつくられているものもあるので、肌の弱い人は注意。

時間のない時に

ムース

押すだけで泡が出てくるので、時間がない時におすすめ。ただし、界面活性剤が多いので刺激が強い。

ピーリングに

パウダー（酵素タイプ）

酵素の力で汚れを落とすタイプが多い。植物性の酵素は肌にやさしく毎日使えるが、アミノ酸分解酵素が入った、ピーリング効果があるものは、週１程度に。

正しい洗顔の方法

クレンジング同様、ゴシゴシ洗うのは肌を傷つけるのでNGです。

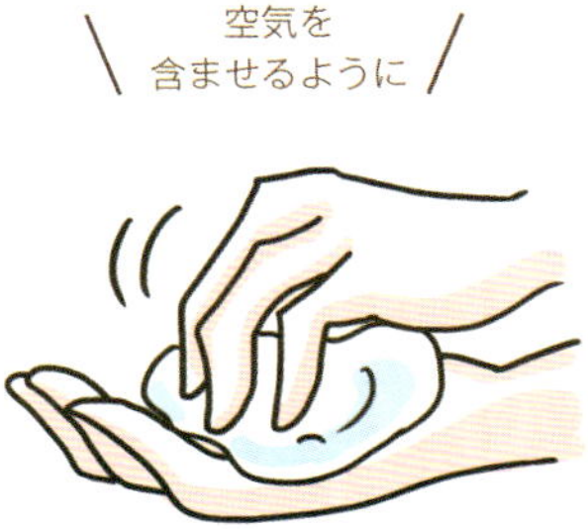
空気を
含ませるように

指が肌に触れないよう、
泡で包み込む

❶ ぬるま湯で顔をサッとすすいだら、手のひらに洗顔料を取り、泡立てる。

❷ 泡が手のひらいっぱいになったら、皮脂の多いTゾーンから洗う。

❸ たっぷりのぬるま湯で丁寧にすすぐ。額やあごの下など、すすぎ残ししやすい部分は念入りに。

❹ 清潔なタオルで肌を押さえるように拭き取る。

顔を濡らしたまま放置すると乾燥を招くので、泡立てるのが苦手な人は、洗顔ネットを利用しましょう。

こんなフレーズに注意！

洗顔料の宣伝のフレーズも、よさそうな雰囲気だけで実は……。

・弱酸性

肌は弱酸性なので、よさそうに思いますが、どんなタイプで洗顔しても中性の水道水ですすいだ直後、肌は中性になり、30分後には、本来の弱酸性に戻ります。

・しっとりタイプ

しっとりするのは油分が含まれているからで、洗顔後も肌に油分が残ります。脂性肌の人にはおすすめしません。

・美容成分配合

洗顔料に配合された美容成分は洗い流す時に、ほとんど消えてしまうので、あまり意味がないと考えられています。

・無添加

薬事法に定義はなく、アレルギーなどの皮膚障害を起こす可能性がある成分を除いたコスメを無添加と表現することが多いので、本当に肌にやさしいとは限りません。

洗顔料にプラスアルファの効果を期待するより、まずは、洗顔で汚れを落とし、その後のケアでうるおいや有効成分を補いましょう。

固形石けんならどれでも安全？

固形石けんはマイルドな洗浄力で肌にやさしいのですが、選ぶ時は香料や防腐剤などの入っていないものを選びましょう。配合成分が多いほど、トラブルが起きる可能性が高まるので、肌が敏感な人ほど注意が必要。

成分表示がシンプルなものを選んで！

○ Good

成分：石けん素地、オリーブ油

× Bad

成分：水、グリセリン、PG、ラウレス硫酸Na、ステアリン酸Na、水添パーム油、水添パーム精油、オレイン酸PEG-20グリセリル、グルコース、ラウリン酸、ラウリル硫酸、香料

化粧水

肌のバランスを整えて次へのステップをつくる

化粧水の役割は「肌に水分を与えること」だと思っていませんか？　しかし、化粧水のほとんどが水でできているため、すぐに蒸発してしまいます。保湿は美容液など、その後のケアで行うもの。化粧水は、洗顔で不安定になった肌の調子を整え、次に使う美容液が浸透しやすい状態にするのが本来の役割です。

化粧水の選び方

化粧水は基本的に、しっとりタイプやさっぱりタイプなど、好みのテクスチャーで選んで問題ありません。ただ、使うからには美容効果を期待したいという人は、水溶性の美容成分（→P39）が入った化粧水を選びましょう。

ニキビには
ノンコメドジェニック
（→P88）の
化粧水が◎

スプレーは効果なし？

肌が乾燥した時に、化粧水スプレーをシュッとひと吹きすると、うるおった感じになりますが、実は、すぐに蒸発して、もともとあった肌の水分まで奪ってしまいます。外出先でも乳液や美容液で保湿しましょう。

化粧水の種類と特徴

化粧水は、目的によって３タイプに分かれます。

柔軟化粧水

一般的な化粧水。角質層（→ P16）に水分を与え、保持するように働きかける。美容液などの浸透をスムーズにする働きもある。

収れん化粧水

皮脂や汗を抑える働きのあるもの。アルコールの配合量が多いため、夏場や脂性肌の人向け。

拭き取り化粧水

クレンジングやマッサージクリームを拭き取って古い角質や毛穴の汚れを取り除く。硬くなった角質を柔らかくする成分が入ったものもある。

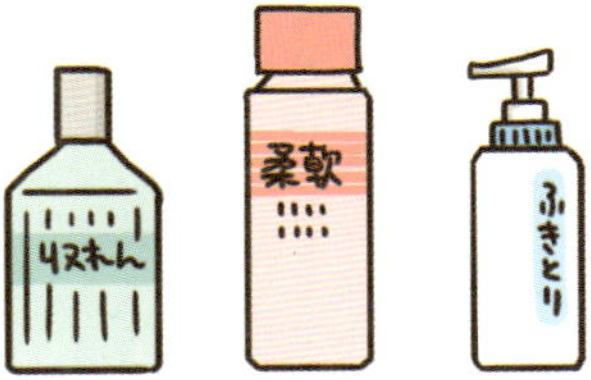

まずは、柔軟化粧水を１本。その他は、目的に合ったものを選んで

化粧水に含まれる主な美容成分

商品の成分表示を見て、自分に合った化粧水を選びましょう。

ヒアルロン酸	水分を抱え込む働きのある成分。保湿力が高いので、肌が敏感になっている時におすすめ。
コラーゲン	肌の弾力を保つ働きをする成分だが、外からつけても分子量が大きく真皮までは吸収されない。しかし、水分維持力も高いので、化粧品では保湿を目的として使われる。
アミノ酸	角質細胞内にある天然保湿因子成分のひとつで保水力が高い。さらりとした使用感なので、さっぱりタイプが好きな人に。
ビタミンC誘導体	水に配合すると安定性が高まる成分。ニキビや美白、毛穴の引きしめなど、様々な効果がある。

正しい化粧水の使い方

間違って使用している人もいるのでは？　正しく使って効果をアップ。

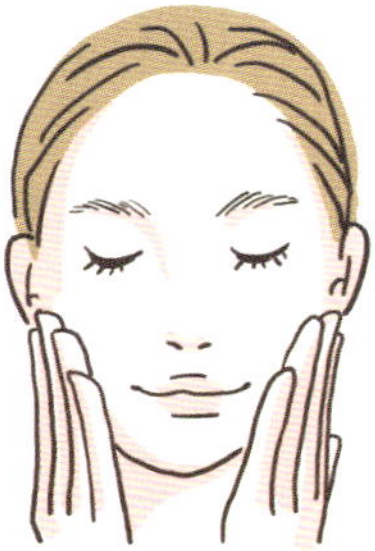

❶ 手のひらに適量（500円玉大くらい）の化粧水を広げたら、顔を包み込み、サッと顔全体になじませる。

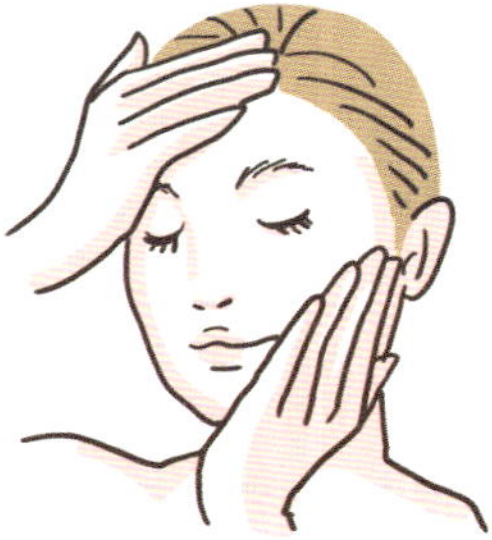

❷ 乾燥しやすい目の周りやフェイスラインは、手のひらで軽く押さえてなじませる。

コットンパックの使い方

日焼け後、肌の炎症を抑えるケアにおすすめです。

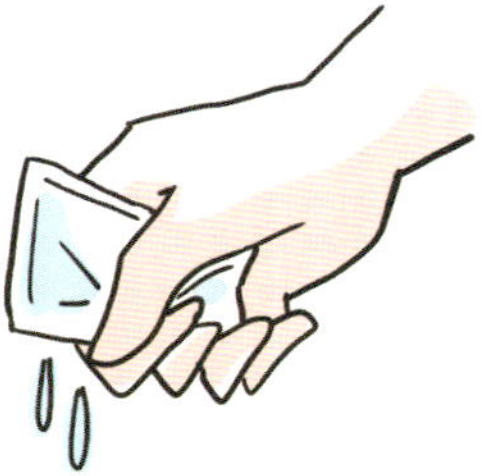

❶ 水で濡らせたコットンを絞って水分を抜き、化粧水を含ませる。

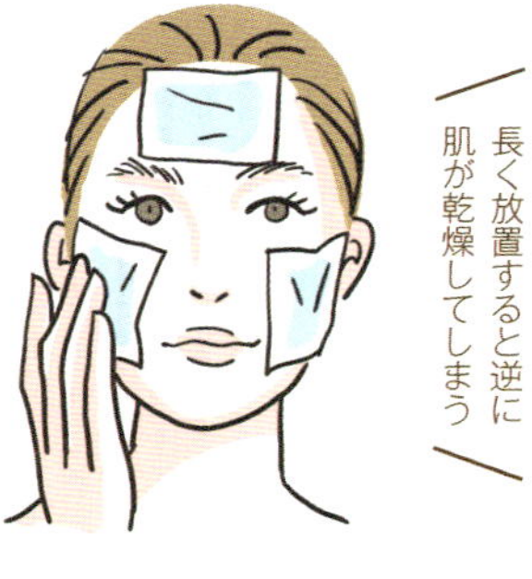

❷ コットンを裂いて、おでこや両頬に置く。放置する時間は３～４分が目安。

簡単にできる手づくり化粧水

ドラッグストアなどで購入できる材料を混ぜるだけ。リーズナブルで肌にやさしい化粧水をつくることができます。

材料

精製水…100mℓ
グリセリン…小さじ1～2（好みの量でOK）
クエン酸…耳かき1杯
ガラスびん（密封できるフタつき）…1個

作り方

❶ ガラスびんを熱湯消毒する。

❷ ①に精製水（浄水器を通した水道水でもOK）、グリセリン、クエン酸を入れ、フタをしてよく混ぜる。

冷蔵庫で保存し、1週間以内に使い切りましょう。肌に合わない時は使うのをやめましょう。

手は最強のお手入れツール

顔には凹凸やカーブがたくさんあるので、どんなパーツにもフィットする柔軟な手は最強の道具。摩擦というリスクを避けるためにも、化粧水や乳液はコットンより手でつけるのがおすすめ。手で使うとムラになる、手が吸収してしまうというのは俗説です。

美容液

加齢とともに不足する肌の機能を補う

美容液とは、保湿成分や美白成分などの美容成分が濃縮して配合されている化粧品のこと。通常は洗顔、化粧水で肌を整えた後に使います。肌にダイレクトに働きかけるものなので、目的に合わせて選ぶとトラブルの解消につながります。

美容液の種類

美容液には、クリーム、ジェル、乳液タイプなど色々な形状のものがあります。美白やシミ、シワ、ニキビなどの目的別や乾燥しやすい目もとや口もと用など、パーツに絞ったもの、化粧下地兼美容液というタイプなど様々。

朝のケアは化粧ノリがよくなる化粧下地兼用を、肌の再生が活発になる夜は美白用やシミ、シワ用と使い分けをするのも効果的です。

ブースター美容液とは

洗顔後の肌につけることで、次に使う化粧品の効果を高めるのがブースター美容液。肌表面を柔らかくして、化粧水や美容液の浸透力をよくします。いつものケアにプラスすることで、手持ちの化粧水や美容液の効果が高まるのでおすすめ。

ブースターや導入液と
表記することも

美容液の種類と特徴

肌トラブルに合わせた成分を配合しているので、改善したい悩みに応じて選びましょう。

保湿美容液

セラミド、ヒアルロン酸、コラーゲンなど、保湿成分を配合したもの。肌の水分をキープして、うるおいを保つ効果がある。

美白美容液

ビタミンC誘導体、アルブチン、トラネキサム酸など美白成分を含み、シミのもとになるメラニンの生成をブロックする。

アンチエイジング美容液

レチノールやナイアシン、ポリフェノールなどの有効成分を配合したもの。真皮の弾力繊維に働きかけて、ハリのある肌に。

美容液に含まれている注目の成分

様々な美容成分のなかから、話題のものをピックアップ。

フラーレン	抗酸化作用はビタミンCの125倍、コラーゲンの生成を促す作用は、プラセンタの800倍ともいわれる美容成分。メラニンの動きを抑え、シミにも効果的。アンチエイジング全般に有効。
EGF	やけどの治療で、肌の再生に使われることもある成分。2005年から化粧品にも配合されるようになった。ターンオーバーを整え、保湿や肌荒れ全般に効果がある。
FGF	もともと、人間の体内にあるタンパク質。肌の奥まで浸透して、コラーゲン生成の促進に役立つ。

正しい美容液の使い方

美容成分がギュッと詰まった美容液。高価なものなので、効果を最大限に発揮する使い方をしましょう。

❶ 適量の美容液を手のひらに取り出し、両手のひらを合わせて、よくのばす。

❷ 頬、額、あごと広い部分から順に内側から外側に向かって、肌を包み込むようになじませる。

❸ 目もと、鼻の周り、口もとなど、細かい部分も丁寧に浸透させる。

❹ 気になる部分に、美容液を追加して重ね塗りする。

基本は指先や指の腹で、肌の上に置くようにして美容液をなじませます。ゴシゴシ塗り込むと肌がこすれ、シワやシミの原因になるので注意。

美容液マッサージでスペシャルケア

マッサージをすることで血行がよくなり、肌に透明感が出ます。

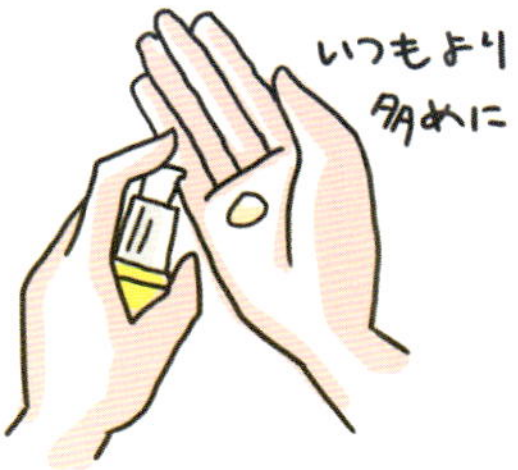

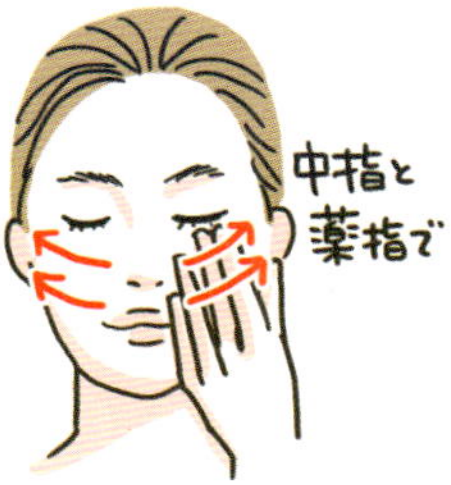

❶ 美容液を多めに手に取り、やさしく顔全体になじませる。顔の表面を手や指先がすべるようにうるおったらマッサージ開始。

❷ 中指と薬指の腹で、顔の内側から外側に向かって、なでるようにマッサージ。目の周りは下から上へ１周するように動かす。

顔全体を下から上へ、引き上げるよう動かして、指がすべらなくなったら浸透したサインです。

効果がアップする使い方

ちょっとしたつけ方の違いで効果がアップすることも！

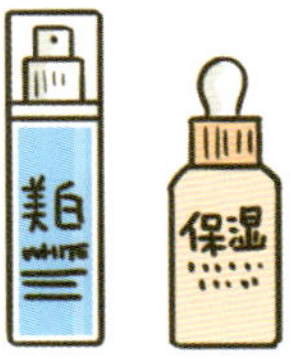

２種類以上使う時は？

美白用、保湿用など効果の異なる美容液を複数使う時は、水っぽいものを先に使い、その後油分を含んだものを重ねると、しっかり浸透します。

気になる部分だけでいい？

頬が乾燥しているから、頬だけに使うというのはNG。目もと、口もとなど専用のもの以外は、顔全体に使うことで効果を発揮します。

乳液・クリーム

油分を補って　なめらかな肌に

乳液やクリームの役割は、足りない油分を補給し、肌をなめらかにすること。また、化粧水で補った水分が蒸発するのを抑える役割もあります。ベタつきが気になる人は、使いすぎの可能性もあるので、適量を確認して。

最近は、日焼け止めや保湿などの成分が配合されたものもあるので、朝用、夜用など、上手に使い分けましょう。

乳液とクリームの違い

乳液とクリームの違いは、油分と水分の配分の違いです。クリームの方が、油分が多く、こっくりしています。40代からは、水分だけでなく油分も足りなくなるのでクリームがおすすめ。ターンオーバー促進などの機能を備えたクリームもあります。

使い分けのポイント

通常は、乳液またはクリームのどちらかで、好みのテクスチャーのものを選べばOK。ただ、美白など、さらなる効果を期待するなら、対応する成分（→P49）を含んだアイテムをダブル使いしましょう。その場合は乳液→クリームの順です。

肌タイプ別の選び方

乳液・クリームは肌タイプ（→ P21）に合わせて選びましょう。

脂性肌

肌表面が酸性になりやすいで、抗酸化作用のあるものを選びましょう。

おすすめ成分 ＞ ビタミンCやビタミンE、アスタキサンチン、アントシアニンなどが有効。

美容液を多めにして、乳液やクリームは薄く膜を張るように

乾性肌

クリームなど油分で膜を張って保湿し、肌を保護することが大切。

おすすめ成分 ＞ 角質層のうるおいを保持するセラミドやリピジュア、ヒアルロン酸など。

混合肌

パーツによって、アイテムを使い分けます。

おすすめ成分 ＞ 顔全体には保湿力のあるセラミドなど、Tゾーンには抗酸化作用のあるビタミンCやEを使う。

年齢に合わせた使い方も必要。皮脂分泌が十分な30代までは、美容液で保湿をしっかりすれば、乳液やクリームは毎日使わなくても大丈夫です。

正しい乳液・クリームの使い方

適量を手に取って、やさしく肌になじませましょう。

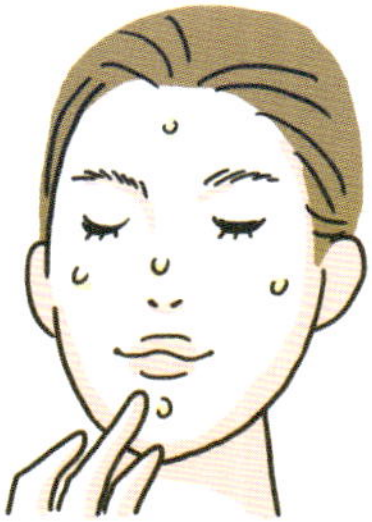

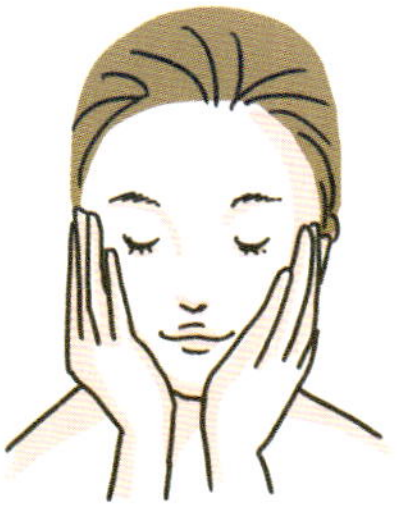

クリームは５点置き

額、鼻、両頬、あごの５点に少量ずつクリームを置いた後、顔全体に薄くなじませ、手のひらで包み込むようにフィットさせます。

乳液は手のひらに広げる

手のひらを重ねるようにして乳液を広げてから、肌を押さえるようにしてなじませます。

口もとや目もとなど乾燥しやすい部分は重ね塗りがおすすめ。目もとはデリケートなので、指でやさしくタッチするように塗りましょう。

乳液の種類と特徴

乳液は３つのタイプがあります。

保湿乳液

一般的な乳液。保湿成分のセラミドを配合したものがおすすめ。

UV 乳液

紫外線をカットする機能を持った乳液。

ティント乳液

化粧下地としても使える乳液。UV カットのあるものも。

乾燥がひどい時はワセリンを使う

乾燥肌の対策としてワセリンを使った保湿も効果があります。

固いテクスチャーなので
手のひらになじませてから
使います
白色ワセリン
目のまわりに
使ってもOK!

皮膚の水分を保つ

ワセリンは、皮膚から水分が蒸発するのを防ぐ保湿剤。皮膚科でも処方していますが、ドラッグストアで買える白色ワセリンでも十分です。

デリケートな部分にも使える

副作用が極めて少ない安全な成分なので、まぶたなど、デリケートな部分にも使えるのも魅力です。

肌の乾燥が進行しすぎて敏感になっている時は、化粧水や美容液はつけず、ワセリンのみで保湿し、改善したら通常のお手入れに戻します。

注目の美容成分

乳液やクリームに含まれている美容成分をピックアップ!

保湿	保湿成分の代表格・セラミドをはじめ、ヒアルロン酸の2倍の保湿力があるリピジュア、イソフラボン、コラーゲンなどがある。
美白	コウジ酸、アルブチン、トラネキサム酸、ハイドロキノン、油溶性甘草エキス（グラブリジン）などがある。迷ったら医薬部外品を選んで。
アンチエイジング	シワ対策にはレチノールやコラーゲン。抗酸化作用の高いビタミンC誘導体、ビタミンE誘導体も◎。

紫外線ケア

紫外線は美肌の大敵 1年中徹底的なケアを

肌の老化の原因の8割は紫外線によるもの。

紫外線を受けると、ダメージから肌を守るためにメラニンがつくられます。通常であれば、メラニンは古い角質とともに排出されますが、ターンオーバーが乱れると、排出されず肌に蓄積されてしまいます。これが、シミやくすみの原因になるのです。紫外線ケアを念入りにして肌を守りましょう。

2種類の紫外線

紫外線には、A波とB波があります。紫外線A波は窓ガラスも通り抜け、肌の奥深くまで達してダメージを与えるもの。紫外線B波は、メラニン色素を生成して肌が赤くなる日焼けや、皮膚がんの原因になります。紫外線A波は冬でも夏の1／2と多いため、対策が必要。日焼け止め化粧品に表示されている「SPF」は紫外線B波をカットし、「PA」は紫外線A波をカットする効果を示しています。

紫外線量の月別変化

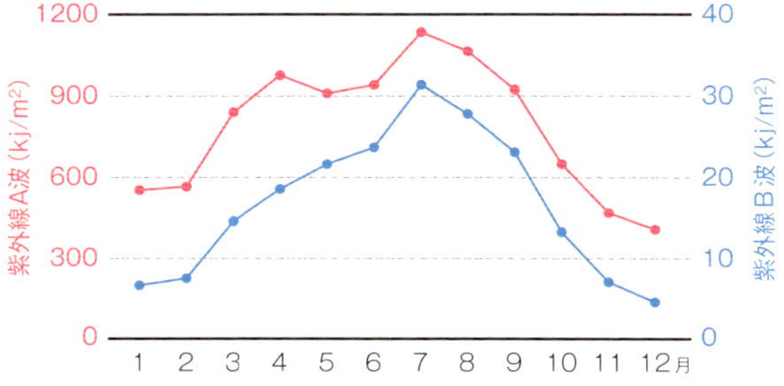

日焼け止めの選び方

日焼け止め化粧品はシーンや肌タイプに合わせて選びましょう。

SPFとPAの度数はシーンで選ぶ

SPFは数値が高いほど肌に赤みができるまでの時間が長くなります。PAは「＋」の数が多いほど、紫外線防止機能が高くなります。

春・秋・冬の日常

外出は２時間以内、ほとんど室内で過ごすといった日は、SPF25、PA「＋＋」の日焼け止めを選び、まめに塗り直して使いましょう。

夏やアウトドア

夏の海や山、冬のスキー場など、紫外線をたくさん浴びるシーンでは、紫外線ケアも念入りに。SPFが40以上、PAが「＋＋＋」のものを選んで。

成分や用途で選ぶ

敏感肌の人はノンケミカルのベビー用がおすすめ。スプレータイプは髪にも使えます。

成分で選ぶ

日焼け止め成分には、紫外線散乱剤、紫外線吸収剤の２種類があります。一般的に紫外線散乱剤の方が、肌にやさしいとされていますが、最近は紫外線吸収剤にも敏感肌対応のものがあります。

テクスチャーで選ぶ

みずみずしい感覚のミルクタイプ、髪の毛までカバーできるスプレータイプ、保湿力の高いクリームタイプと様々。目的に合わせて選びましょう。

ノンケミカルとうたっている日焼け止めは、紫外線吸収剤を使わず、酸化チタンなど、自然由来の紫外線散乱剤のみを使っているのでおすすめ！

日焼け止め化粧品の使い方

あごの下や首の後ろなどは忘れがちなので、塗り残しのないように。

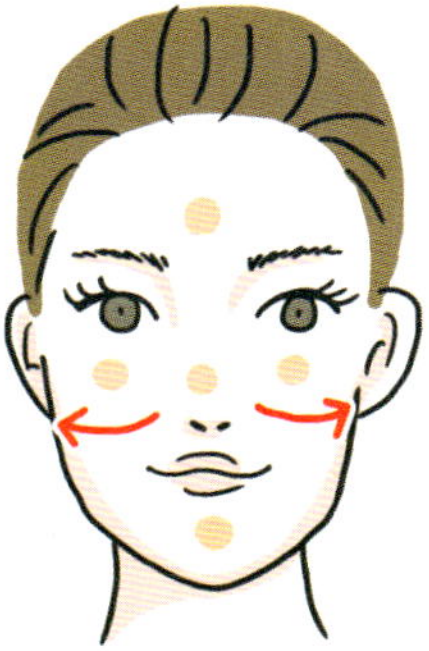

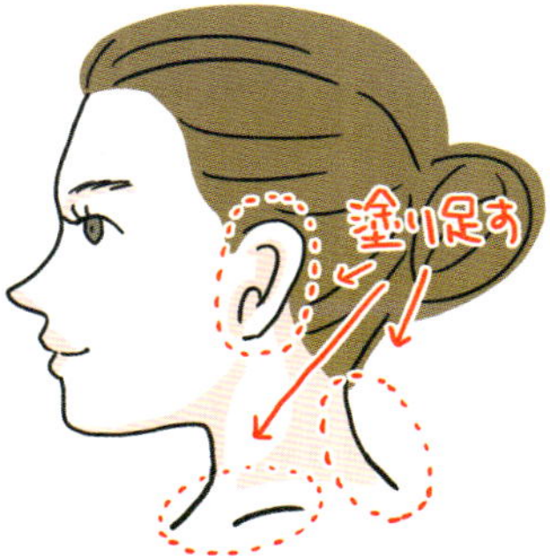

❶ 手のひらに適量をとり、5点（額、鼻、両頬、あご）置きして、内から外側に向かってムラなく塗り広げる。

❷ あごの下、首や首の後ろ、デコルテ、耳などは日焼けしやすいので、塗り足す。

塗り直しは2～3時間に1度。ベースから塗り直すのが面倒なら、UV効果のあるパウダーファンデーションでメイク直しすればOK。

パウダーファンデーションとUV効果

特にUVカットをうたっているものでなくても、パウダーファンデーションには光を跳ね返す性質があるため、日焼け止めの効果があります。ただし、化粧崩れしやすいのでこまめに塗り直しましょう。

＼UVカット下地＋パウダーファンデで予防効果アップ！／

うっかり日焼けに注意！

直接日光を浴びなくても、日焼けはします。曇りの日など、日光を浴びないシーンでもUVケアを忘れずに。

曇りの日
紫外線は雲を通過して、地上へ届くので、曇りの日も紫外線対策は必要です。

日陰
紫外線には直射光、反射光、四方八方に広がって地表に届く散乱光があるので、日陰にいても気を抜けません。

長袖着用時
服も容赦なく突き抜けるのが紫外線。UV加工された服やストールなどで防備しましょう。

室内
紫外線A波は、ガラスを通過するので、部屋のなかでも油断できません。

日陰にいても日焼けする

サングラスで肌の日焼けを予防

目が日焼けして角膜が紫外線を吸収すると、脳が「メラニン色素を出せ！」という指令を出します。直接肌を焼かなくても、シミなどの老化が起きやすくなるため、UVカットのサングラスを利用しましょう。

スキンケアの「間違いあるある」

スキンケアで、多くの人が勘違いしていることや、ついやってしまう「間違いあるある」。正しい知識を身につけましょう。

オーガニックはやさしい？

天然成分でできた、肌にやさしい化粧品のイメージですが、全てがそうだとはいえません。植物や鉱物にアレルギーがある人もいるので、初めて使う時はパッチテストを行って。

パッチテストは、入浴後、二の腕の内側に化粧品を少量つけた後、24 時間様子を見て、かゆみや赤みがないか確認します。

化粧品は手のひらで温める？

乳液やクリームは手のひらで温めてから肌にのばす方が浸透するというのは根拠のないこと。そのまま使っても効果を発揮します。

化粧品を顔全体にハンドプッシュするために、手のひらにのばすこともありますが、こすり合わせて温める必要はありません。

日焼け止めは数値が高いほどいい？

どんな時も強力な日焼け止めを使うのは考えもの。数値が高いほど肌への負担も大きくなるので、通勤や買い物など日常生活であれば最高値でなくても十分です。（→ P51）

日焼け止め化粧品だけでなく、帽子や日傘、アームカバーなど身につけるものでも紫外線予防を。

冷水で肌を引きしめる？

洗顔の最後に冷水を使うと毛穴が小さくなるというのは間違い。冷水を使っても毛穴は小さくなりません。逆に冷水を使うと肌の刺激を招いて肌荒れの原因になります。

適温の目安は体温より少し低め。手で触って少しぬるく感じる温度で洗顔すれば大丈夫。

第2章

症状別ケア

肌の乾燥、ニキビ、シワ、シミ……。
肌トラブルの症状は色々。
スキンケアや食事で改善しましょう。

休日
caffe Organic
奈々ちゃん最近どう？
やだ♪コレおいしー♪
超忙しいっす
キャッ
キャッ
キャッ
ホント♪ここおいしーの♡
キャッ
キャッ
こんにちは
ステキー
こちらどうぞ
キャッ
キャッ
キャッ
いいわねー若いって
ふわふわ
ふわ
20代の肌は違うわ～
ハリが違うわ、
えーっ♪
そんなこと全然ないですよ
むにむに
むに
キャッ
キャッ
むにむに
フン！何言ってるの!?
ガタン

30's SKIN Collection
ジャーーン♪
30代の肌はコレよ!
カシャ
カシャ
カシャ
いつの間にかできていた
シミ
カシャ
カシャ
カシャ
カシャ
くっきり刻まれた眉間の
シワ
カシャ
哀愁漂う目の
クマ
ひどい…
自慢することじゃないわよ!!
キーーッ
そのとおりっ
美紀まで
誰？
私かんけいなくない？

確かに肌は年齢とともに変化するわ
だからって
ずいっ
サボっちゃダメ!!
近い…
めぐの目のクマはズバリ…
ピシッ
こすりすぎでできる茶クマよ
ガーン
色ちがいっ クマちゃんですっ
目の皮膚はとっても薄くてデリケートなの
眠くても目はこすっちゃダメ!!
ぐりぐり
アイメイクは専用リムーバーを使ってね
アイクリームでマッサージしてみて
こうですか?

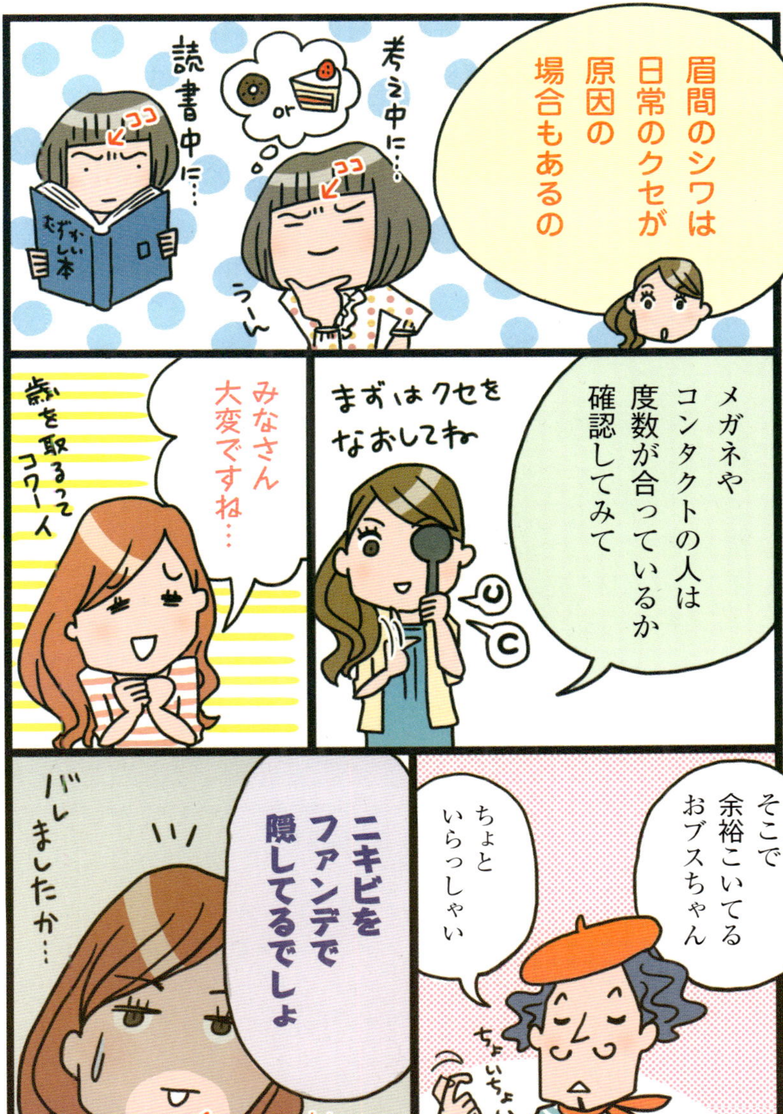
眉間のシワは日常のクセが原因の場合もあるの
考え中に…
or
ココ
うーん
読書中に…
ココ
むずかしい本
メガネやコンタクトの人は度数が合っているか確認してみて
まずはクセをなおしてね
みなさん大変ですね…
歳を取るってコワーイ
そこで余裕こいてるおブスちゃん
ちょといらっしゃい
ちょいちょい
ニキビをファンデで隠してるでしょ
バレましたか…
大人ニキビ

大人ニキビは黄体ホルモンと生活習慣に原因があるの
思春期ニキビと同じケアだと肌を乾燥させてかえってニキビができやすくなることも…
ちがうの!?
ニキビ
思春期ニキビ
ここがちがう
大人ニキビ
過剰な皮脂分泌
糖分のとりすぎ
原因
ストレスや睡眠不足
ホルモンバランスの乱れ
Tゾーン
できやすい場所
Uゾーン
脂性肌だと
できやすい
特徴
治りにくく、どんな
肌タイプにもできる
生活リズムを整えるには睡眠が大切
6時間以上
そして洗顔後の保湿も重要よ
保湿美容液

それぞれに合ったケアをしましょうね
ゴロゴロ
ハーイ！
美紀さんかっけー♪
1カ月後
caffe Organic
めぐクマとれたわね
おかげさまで♪
私もニキビ治りました♪
実はこの間…
ポッ
コンパに行ったら…
よかったら連絡ください
キャー♥
恋の始まり
やるわね
いたいー
バンバン

年代別のケア

年齢とともに変わる肌質に合わせたケア

年齢とともに、皮脂の分泌量や肌の新陳代謝も変化します。肌が丈夫な20代と保湿力が低下する40代では、必要なケアが異なります。現在の自分の肌質や体質をしっかり理解して、そのつど肌に必要なケアをしましょう。

年代別の肌トラブル

20代

メイクを楽しむ世代ですが、間違ったクレンジングで肌荒れを起こすことも。ダイエットなどで栄養不足にもなりがち。

例 肌の乾燥、大人ニキビ

30代

仕事や結婚、出産などで、生活リズムやホルモンバランスが変化する年代。保湿力が衰え、乾燥が原因のトラブルが起きやすい。

例 シワ・シミ

40代

加齢を実感する年代。ターンオーバーもホルモンバランスも乱れがち。

例 たるみ・くすみ

50代

更年期の訪れにともない、ホルモンバランスが乱れ、肌質が大きく変わる人も多い。

例 シワ、たるみ、くすみ

年代別のケア方法

加齢によって変化する肌の悩みと、症状に合わせたケアを行って、どの年代も美しく！

メイク好きな 20 代はクレンジングにこだわって

洗顔やクレンジングでゴシゴシとこするのをやめ、過度なメイクは控えるようにしましょう。

ケア方法
- クレンジング→ P30
- 洗顔→ P34

30 代は食事とスキンケアで肌のバリア機能を高める

仕事や家事で忙しくても、バランスのとれた食事を。シミが出始める年代なので紫外線ケアもしっかり。

ケア方法
- 紫外線→ P50
- 食事→ P132

肌トラブルの多い 40、50 代は運動やピーリングで代謝 UP

ターンオーバーが低下する年代なので、運動で代謝を高め、ピーリングで古い角質を除去。シワやシミの集中ケアも効果的。

ケア方法
- ピーリング→ P17
- シワ→ P72
- シミ→ P104
- 運動→ P152

乾燥

肌トラブルは乾燥から始まる

健康な肌の水分量は15～20％。10％以下になると、肌がカサカサし、乾燥した状態に。すると肌のバリア機能が乱れ、外部の刺激を受けやすくなり、さらに乾燥するという悪循環が始まります。この状態を放置すると、小ジワやくすみ、たるみといったトラブルも生じやすくなるので、保湿ケアは重要です。

乾燥はなぜ起こる？

秋から冬の乾いた空気、夏の紫外線や冷房の影響で肌のうるおいや皮脂の量が減ると乾燥が起こります。また、肌のバリア機能（→P18）が低下して、水分を保つことができなくなるのも、乾燥の原因のひとつです。

乾燥を招く習慣

日常、何気なく行っていることが乾燥の原因に。次のような人は要注意。習慣を見直しましょう。

- **日中はエアコンが効いた部屋で過ごすことが多い**
- **クレンジングはオイル派**
- **洗顔後の肌はつっぱるぐらいでないと、洗った気がしない**
- **食べものの好き嫌いが多い**
- **ベタつくのが苦手だから、洗顔後は化粧水しかつけない**

スキンケアの見直し

肌が乾燥している時は、普段しているスキンケアの方法を変えてみて。

クレンジングはクリームに

オイルは界面活性剤が多く、肌への負担が大きいので、うるおいが適度に残るクリームやオイルフリーのジェルタイプを選んで。

洗顔は固形石けんで

香料などの入っていないシンプルな製法の固形石けんは、適度な洗浄力で洗い流すため、乾燥しがちな人におすすめ。

保湿重視のコスメを選ぶ

水を蓄えてキープする性質のNMF（天然保湿因子）やセラミドなどの保湿成分が入った化粧水や美容液を使いましょう。

クリームで油分を与える

保湿をしっかり行ったら、乳液＋クリームで油分を補います。水分と油分をバランスよく与えることが必要です。

保湿パックで集中ケア

乾燥が気になる時は、いつものお手入れにパックをプラス。

クレイや石膏パックがおすすめ

シートパックは、水分とともに美容成分が蒸発してしまいます。塗ると固まるクレイ（泥）や石膏パックなら、肌の奥までうるおいが届きます。

パックは
目と口の周りを
さけて

メイク前か入浴後に行う

化粧ノリがよくなるのでパックはメイク前がおすすめ。また、肌が急激に乾燥する入浴後も美容成分が浸透しやすくなります。

保湿のポイントは角質層に水分を与えること。肌にピッタリと密着するパックで保湿成分をぐんぐん浸透させましょう。

ファンデーションはパウダーに！

肌が乾燥している時は、クレンジングしにくいクリームタイプのファンデーションではなく、メイク落ちのいいパウダータイプを選びましょう。美容液で保湿した後、クリームを顔全体に薄く塗り、10分置いてからファンデーションをつけると、粉浮きせずしっとり仕上がります。

乾燥した時こそ
パウダーよ

乾燥を防ぐ習慣

肌の水分保持力が低下している時は、空気の乾燥、肌への刺激が大きなダメージになるので注意しましょう。

加湿器で湿度を守る

エアコンなどで、部屋の空気が乾燥していると、肌のコンディションも悪化します。加湿器で部屋の湿度を60%に保ちましょう。

清潔で肌触りのよい寝具を使う

枕カバーやシーツは、肌への刺激にならないよう、綿などの天然素材で肌ざわりのよいものを。また、こまめに洗濯をして清潔にするのも大切。

乾燥がひどいときは

肌の乾燥がひどくなると、化粧水がしみることがあります。そんな時は、いつもと違うケアで対処。

クリームとUVケアのみ

洗顔後はワセリン（→ P49）を顔全体に薄くのばし、水分の蒸発を防止。その上からパウダーファンデーションを塗って紫外線を予防します。

朝の洗顔は石けんを使わず、ぬるま湯ですすぐだけにするのもおすすめ。

うるおいは食事から

肌のうるおいを守る成分は食事からとる必要があります。

栄養不足で乾燥肌に

保湿化粧品でケアしても、ダイエットや偏食で、栄養不足になるとうるおいは保てません。野菜や肉など、バランスよく食べましょう。

毎食タンパク質をとる

乾燥肌の原因のひとつは、タンパク質の不足。大豆食品や卵、肉、魚などを、毎食とりましょう。

タンパク質は、肉なら 80 ～ 100g、卵 1 個、豆腐 150g、納豆 1 パックを毎食（1日に３～４品）食べるようにしましょう。

魚介類はビタミンEと一緒に食べる

魚介類は美肌をつくるオメガ3など、良質な必須脂肪酸が豊富。オメガ3は細胞を元気にする脂質で、魚類のほかに、くるみやほうれん草、シソ油やアマニ油にも含まれています。ビタミンE（ゴマなど）と一緒にとると吸収率が上がります。

食べ方を工夫して
うるおいに必要な栄養素の
吸収率をアップ！

乾燥に効く食材

うるおいをつくる食材をたっぷり食べて、乾燥肌を改善。

アボカド	体内で、肌のハリをもたらすビタミンAに変わるカロテンの吸収を高める。食物繊維も含まれ、肌にいい栄養が豊富。
くるみ	女性ホルモンを調整し、肌の炎症を抑えるオメガ3と、美肌のビタミンといわれるビオチミンを含む。
サーモン	食べる美容液といわれる食材。アミノ酸と必須脂肪酸の両方をたっぷり含んでいて乾燥だけでなく、肌の老化を防ぐ。
パプリカ	パプリカのビタミンCは、加熱しても壊れにくいので、手軽に美容成分が摂取できる。

サーモンのアボカドナッツソース

アボカドとナッツのソースとサーモンサラダで、肌にうるおいが生まれます。

材料（2人分）

- スモークサーモン…40g
- アボカド…1/2個
- くるみ…5g
- レタス…2枚
- A
  - オリーブ油…大さじ1
  - しょうゆ…小さじ1
  - レモン汁…小さじ1/2
  - 塩、こしょう…適量

作り方

1. アボカドを切ってボウルに入れたら、Aと和え、つぶしながらなめらかなソースにする。
2. 皿にレタスとスモークサーモンを盛り①のソースをかけて、粗みじんに切ったくるみをトッピングする。

シワ

気づいてからでは遅い 小ジワのうちにケア！

シワは乾燥が原因と思われがちですが、乾燥が原因でできる小ジワはほんの一部です。30代以降にできるシワの多くは加齢によるコラーゲンの減少などによるもの。これは、保湿では消えません。アンチエイジング成分の入った化粧品を使って、シワが深く刻まれる前にケアを始めましょう。

シワには3つのタイプがある

・小ジワ

乾燥が原因できる、浅く細かいシワ。乾性肌の人は若い頃から現われることも。皮膚の一番上にある表皮にできますが、放っておくと、次の層まで達する固定ジワになることも。

・表情ジワ

怒ったり、笑ったりという表情をつくるときにできるシワ。表情筋という顔の筋肉が収縮することで、皮膚に折り目がつき、シワとなります。

・固定ジワ

加齢によってコラーゲンが減少すると肌の弾力が失われ、深くはっきりしたシワが真皮（↓P16）にできます。このシワは保湿をしても消えません。

シワができやすいのはココ！

表情のクセやしぐさ、日常の習慣などでもシワはできます。気になるシワの原因を知って早めにケアしましょう。

額 頭皮のたるみによってできる。髪を結ぶ時に、頭皮をひっぱりすぎないように注意。

目尻 笑い上戸の人にできやすい。

目の下 下まぶたのたるみによって小ジワができる。

口もと 喫煙や歯周病などで歯肉がやせた人はシワが入りやすい。

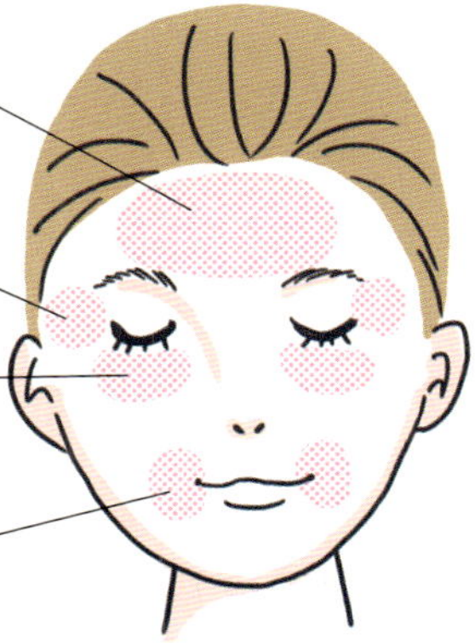

ほうれい線はたるみが原因。ケアの方法はP95をチェック！

シワケアに使いたい注目の成分

シワに有効な成分が入った化粧品でケアしましょう。

ビタミンC	コラーゲンの生成を促し、毛穴を引き締め、肌にハリと弾力を与える。
レチノール	ビタミンAの一種。肌細胞を活性化して、コラーゲンを増やすので、シワやたるみに効果を発揮。
ナイアシン	ビタミンB_3のこと。肌内のコラーゲンを増やす作用があり、肌にハリを与える。
抗酸化成分	オウゴンエキス、油溶性甘草エキスなど。老化の原因となる活性酸素を抑える。

小ジワのケア

薄く浅いシワは乾燥が原因。特によく動く目尻は、20 代後半から目立ち始めます。保湿ケアでシワを消しましょう。

目もとの小ジワにはアイクリーム

小ジワは、朝夕の保湿ケアで改善可能。特に、皮膚の薄い目尻は、保湿成分と油分が配合されたアイクリームでケアを。

口もとの小ジワは乳液と
クリームを重ねづけ!

保湿をしても消えない小ジワは、固定ジワに進行している可能性があるので、固定ジワのケアをしましょう。

固定ジワ予防のコツ

真皮にシワが深く刻み込まれる前に、アンチエイジングケアで予防しましょう。

たるみ予防にもなるわよ
ピーリング

ピーリングで肌を活性化

ピーリング（→ P17）で古い角質を除去。ターンオーバーを整えて、コラーゲンの生成を促すことで、肌の弾力を保ちシワを予防できます。

ピーリングには専用の美容液のほかに、洗顔フォームもあります。肌に刺激の少ないAHA（フルーツ酸）入りがオススメ。

表情ジワのケア

日常のなかにシワを作る原因が！　クセを直して改善しましょう。

モニターを見る時の
眉間のシワにも注意

シワができるクセを直す

加齢で肌に弾力がなくなると、表情ジワが目立ちます。目を細めて本を読むクセなど、日常生活でシワの原因を見つけて改善しましょう。

どうしても治したいなら、ボトックス注射（→ 109）など、美容医療も有効です。

かぼちゃとプルーンの甘煮

ビタミン A、C、E が豊富で抗酸化力に優れたかぼちゃはシワ予防に最適。

材料（2 人分）

かぼちゃ…1/8 個
プルーン（種抜き）…10 粒
砂糖…大さじ 4
ラム酒…大さじ 2
水…100cc

作り方

❶ プルーンにラム酒をふりかけ、15 分ほど置く。かぼちゃはひと口大に切る。

❷ ①と水、砂糖を鍋に入れ、落としぶたをして、弱火で 10 分ほど煮つめる。

ラム酒が
効いた
大人の味

プルーンはビタミン A、C、E に加え、抗酸化物質「ネオクロロゲン」も豊富な美肌フルーツです。

クマ

暗くて老けた印象を正しいケアで解消！

目の下にできるクマは、疲れているように見えたり、老けて見えたりと困りもの。誰もが抱える悩みですが、原因はひとつではありません。自分のクマがどのタイプかを知り、適切なケアをすれば改善できます。

私は彫りが深いから
クマができやすいの

クマは3タイプ

年代を問わず起こるクマ。自分のクマがどのタイプかを判別しましょう。

・**目尻を横に引った時に……**
クマが薄くなると「青クマ」変わらないと「茶クマ」

・**上を向いた時に……**
クマが薄くなると「黒クマ」

横に→

上を向いて

眼精疲労を改善

1日中パソコンを使う、スマートフォンをずっと見るなど、目を酷使することもクマの原因になります。パソコン作業をする時は休憩時間をつくり、蒸しタオルで目もとを温めるなどでいたわりましょう。

1時間おきに10分は
目の休憩時間をとって

タイプ別の原因とケア方法

クマのタイプに合ったケアで改善しましょう。

色白の人に多い青クマ

眼精疲労や寝不足でうっ血した血液が透けて青く見える。血行不良や鉄欠乏が原因で、皮膚が薄い人や、色白の人に多い。

ケア方法　ツボ押し（→ P78）や鉄分の多い食事（→ P80）で血の巡りをよくする。

たるみや顔立ちが原因の黒クマ

加齢でハリがなくなると、目の下がたるんで凹凸ができ、黒い影＝黒クマになる。むくみが加わるとさらに目立つ。

ケア方法　ハリを出すアイクリームを使い（→ P79）、弾力を取り戻す。利尿作用のある食品（→ P81）でむくみをとる。

色黒の人に多い茶クマ

目の下をこすったりしてできたシミや色素沈着が、クマのように見える状態。日焼けした後、肌が黒くなる人に多い。

ケア方法　美白ケアが有効（→ P79）。美白効果のあるビタミンC（→ P81）も積極的にとる。

ケアの前に血流アップのマッサージ

リンパマッサージで顔全体の血行をアップしてから、クマのケアをすると効果的です。

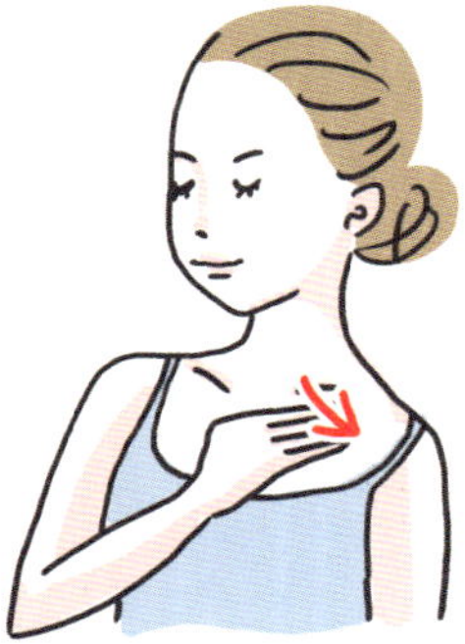

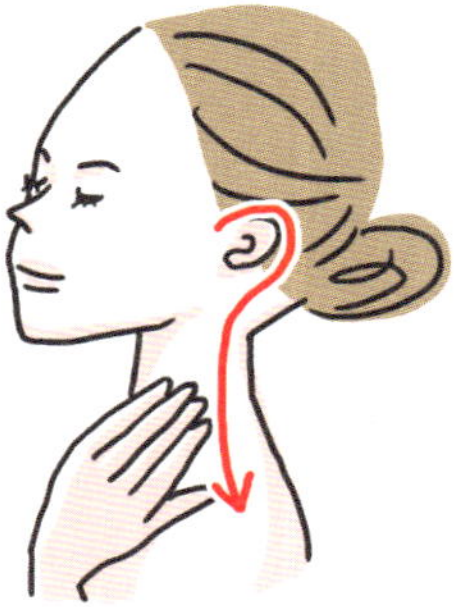

❶ 親指以外の４本の指で鎖骨の上を内側から外側に３回ほどさするようにマッサージ。

❷ 親指で耳の後ろから鎖骨へゆっくり３～５回ほど押し流す。

青クマのお手入れ方法

目の周りの血流が滞ってできる青クマは、プッシュマッサージで改善。

ツボ押しマッサージ

血行をよくするツボのある、目の下の骨に沿って、目尻から目頭に向けて薬指の腹でやさしく押します。左右３回行って。

トントン
肌をこすらないように
トントンとプッシュして

目もと用の美容液やクリームを塗ってから行いましょう。

アイクリームの選び方＆使い方

黒クマと茶クマはそれぞれに合った成分のアイクリームでお手入れ。

黒クマはハリを戻すクリームを

ハリと弾力を改善するために、コラーゲンの生成を促すビタミンＣやレチノールなどが配合されたアイクリームでケアしましょう。

レチノールは目の下に塗る

レチノールは刺激が強いので、目の下にだけ塗ります。肌を動かさないよう点置きしてからなじませます。

音段クリームを塗る時は人指し指を使いますが、目もとは皮膚が弱く繊細なので、力が入りにくい中指を使って塗ります。

茶クマは美白クリームを使う

シミや色素沈着が原因の茶クマは、ビタミンＣ誘導体など美白成分配合のアイクリームを日々のケアに取り入れて。

目もと全体に塗る

茶クマは目の下にだけでなく、まぶた全体に現れるので、目の周り全体にアイクリームをなじませます。

茶クマは摩擦による色素沈着だけでなく、日焼けによってもできるので紫外線ケア（→ P50）も忘れずに行いましょう。

クマに効く栄養素

クマに効く栄養素をとって、体の中から改善しましょう。

青クマ	鉄分	血液中の酸素を運ぶヘモグロビンの材料となって血行を促進。あさりやひじきなど、吸収率の良いヘム鉄が多いものが◎。
黒クマ	カリウム	果物や豆類に多く含まれるカリウムは利尿作用があり、むくみに効果的。
茶クマ	ビタミンC	メラニンの生成を抑えてシミやクマを制御する。１度にたくさんとっても過剰な分は排出されるので、こまめに取り入れましょう。

ひじきのサラダ［青クマ］

鉄分たっぷりのひじきは、煮物に使うだけではもったいない。増血効果のある葉酸が入ったルッコラを加えて血行促進サラダに。

材料（2人分）

ひじき…10g　　プチトマト…10個
ルッコラ…50g　　和風ドレッシング…適量

作り方

❶ ひじきに浸かるくらいの熱湯をかけて10分置き、ザルに上げて軽く絞る。

❷ ルッコラは手でちぎり、プチトマトは半分に切る。

❸ ①と②をドレッシングで和える。

簡単！ あずき粥 ［黒クマ］

消化がよく、利尿作用もある小豆でむくみを取りましょう。

材料（2人分）
米…1/2合　　水…適量
ゆであずき（無糖）…90g　　塩…少々

作り方

1. 米をといで、ザルに上げて、軽く水を切る。
2. 炊飯器に①とゆであずきを入れる。おかゆの目盛りまで水を入れ、塩を加えて、おかゆコースで炊く。

市販のゆであずきを
使うから簡単！

キャベツとソーセージのスープ ［茶クマ］

冷蔵庫にある食材で手軽にビタミンCを補給。

材料（2人分）
キャベツ…2～3枚　　固形コンソメ…2個　　塩、こしょう…適宜
ソーセージ…4本　　水…700cc

作り方

1. キャベツを食べやすい大きさに切る。
2. 鍋に①とソーセージ、コンソメ、水を加えてサッと煮て、塩、こしょうで味をととのえる。

余りもの野菜を
足しても
OK！

ビタミンCは水に溶ける性質があるので、スープで食べるのがおすすめ。

毛穴

毛穴の大きさは遺伝ケアで目立たなくする

毛穴の大小には男性ホルモンの量が関係していて、この量は遺伝で決まっています。身長の大小のように、生まれつきのものなので、毛穴用コスメで小さくはできません。しかし、皮脂詰まりや皮膚のたるみが原因で目立つ毛穴をケアすることは可能です。

毛穴の仕組み

顔は皮脂腺が大きく、数も多いため毛穴が目立ちます。皮脂は肌を守る皮脂膜の原料ですが、多すぎたり、少なすぎたりするとトラブルの原因に。毛穴をケアすることで、目立ちにくくなるだけでなく、肌全体の健康にもつながります。

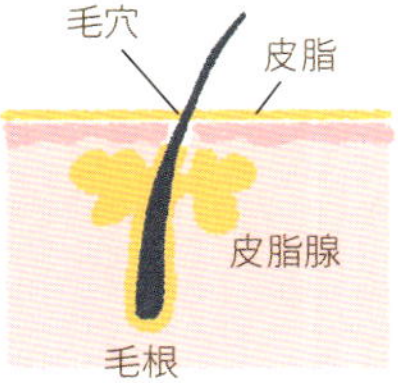

毛穴が目立つ原因

・詰まり

過剰に分泌された皮脂が古い角質などと混ざって毛穴に詰まると、黒ずんで見えます。

・たるみ

加齢で肌がたるむと、毛穴が広がり楕円形になります。

・乾燥

乾燥により肌のキメが乱れると、毛穴のまわりが凹んで影ができ、黒ずんで見えます。

詰まり毛穴のケア

皮脂汚れや古い角質を肌に残さないよう、スキンケアで改善しましょう。

詰まり毛穴は鼻や頬に多い

すっきり洗い上がる洗顔料を使う

しっとりタイプの洗顔料を使うと洗顔後の肌に油膜を張った状態になるため、毛穴に皮脂がたまりやすくなります。すっきりタイプに変更を。

週に1度はピーリングで古い角質を洗い流す

しっかり洗顔をしても毛穴が目立つ場合は、ピーリング（→ P17）で古い角質を取り除きます。

クレイの毛穴パックで角栓を取り除く

角栓を取り除く毛穴パックも有効。シートではがすタイプよりも、吸着力があり、肌の負担も少ないクレイパックがおすすめ。

❶ 蒸しタオルをパックする部分か顔全体にあて、毛穴を開く。

目と口の周りは避けて塗ります

❷ 肌が隠れる程度にのばし、5分～10分置いて、完全に乾いたらぬるま湯で洗い流す。

パックの後は肌が乾燥しやすいので、使った後は必ず保湿ケアをしましょう。

たるみ毛穴のお手入れ

ピーリングとレチノールで肌に弾力を取り戻しましょう。

たるみ毛穴は頬にできやすい

代謝アップと美容液ケア

たるみ毛穴は肌の老化の初期症状。ピーリングでターンオーバーを促し、コラーゲンを増やすレチノール入り美容液で老化を予防しましょう。

ビタミンCを積極的にとる

ビタミンCは抗酸化力が強く、コラーゲンの生成も促すため、肌に弾力を与え、毛穴を目立ちにくくします。食事でたっぷりとりましょう。

ビタミンCが豊富な食材は、柑橘類や緑黄色野菜。1度にたくさんとっても尿と一緒に排出されるので、こまめに取り入れることが必要です。

たるみ予防のマッサージ

血流、リンパの流れをよくするとたるみ予防に。クリームを塗ってすべりをよくしてから行いましょう。

マッサージは中指と薬指を使って

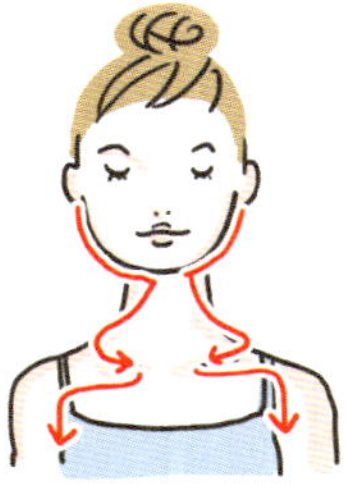

❶ あごから耳の下へ、口もとから耳へ、頬骨からこめかみへやさしくマッサージ。それぞれ5秒ずつが目安。

❷ 耳の下から鎖骨へ、鎖骨の下から脇の下へ向けてリンパを流すようにマッサージ。左右3回ずつ行って。

乾燥毛穴のお手入れ

キメを整える保湿ケアをすることで、乾燥毛穴は改善できます。

乾燥毛穴は鼻やあごに多い

洗顔の見直しと保湿ケア

固形石けんなど、皮脂を取りすぎない洗顔料を使い、セラミドなど保湿成分配合の美容液でケアするとキメが整い、毛穴が目立たなくなります。

レバーとブロッコリーのゴマ油炒め

皮脂分泌を抑える効果のあるレバーやビタミンＣの豊富なブロッコリーで体の中から毛穴ケア。

材料（2人分）

豚レバー…100g
ブロッコリー…120g
長ネギ…1/2本
ショウガ…1片
ごま油…大さじ1
酒…大さじ1
片栗粉…小さじ1
塩、こしょう…少々

作り方

1. ブロッコリーは小房に分け、レンジで1分加熱。長ネギ、ショウガはみじん切りにする。レバーは水気を切って片栗粉をまぶす。
2. フライパンにごま油を熱し、レバーを炒める。火が通ったら長ネギ、ショウガ、ブロッコリー、酒を加えさらに炒める。
3. 塩、こしょうで味をととのえる。

ニキビ

角質、皮脂、寝不足……原因は様々

ニキビの原因は、皮脂分泌が多いからという理由だけではなく、寝不足やストレスなど生活習慣も大きく関わっています。大人になってからできるものほど治りにくく、跡になりやすいので、予防が大切。スキンケアと生活習慣を見直しましょう。

皮脂ケアだけでは
予防できない

鉄分不足に注意

ニキビに悩む人の血液検査で共通するのが、鉄欠乏です。特に口の周りにニキビができる人は、鉄分不足になっている可能性大。女性は月経によって多量の鉄分を消費しているので、鉄分の多い食材を積極的に食べましょう。

吸収されやすい
「ヘム鉄」の多い
レバーがおすすめ

ニキビができる原因

・ストレス

ストレスを受けると、ビタミンCが大量に消費されるので、栄養バランスが乱れ、ニキビの原因になります。

・乾燥

肌が乾燥すると、皮脂が足りないと脳が勘違いして、必要以上に皮脂を分泌することも。

・刺激物や糖分のとりすぎ

カフェインなどの刺激物や糖分（砂糖や炭水化物）は皮脂分泌を促す作用があります。

段階別の症状とケア方法

ポツポツとした白ニキビや炎症した赤ニキビ、化膿した黄ニキビなど、段階に合ったケアをしましょう。

白ニキビ・黒ニキビ

初めは皮膚に白いポツポツができ、症状が進むと先端が黒くなる。

ケア方法

肌を清潔に保つことが大切。ピーリングで角質を除去し、さらにビタミンC誘導体入りのコスメをプラスすると効果的。

赤ニキビ

毛穴の中でアクネ菌が増え、炎症を起こしている状態。

ケア方法

ニキビを刺激しない。コスメはノンコメドジェニック（→ P88）を使う。炎症したらすぐに皮膚科へ。

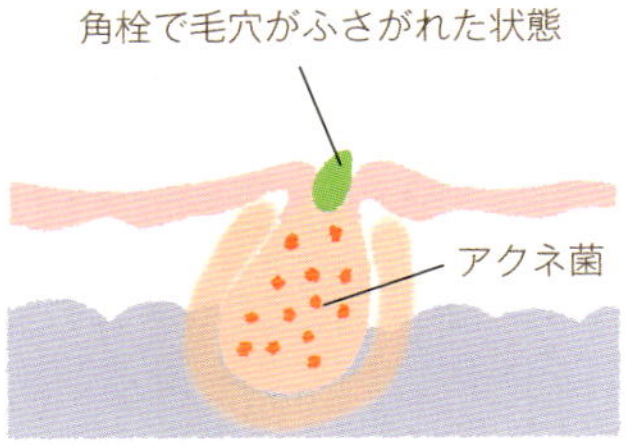

黄ニキビ

炎症が進行し膿ができる。放置すると跡が残る可能性が高い。

ケア方法

皮膚科で治療するのがベスト。膿が出たら、跡が残らないケア（→ P88）を始めましょう。

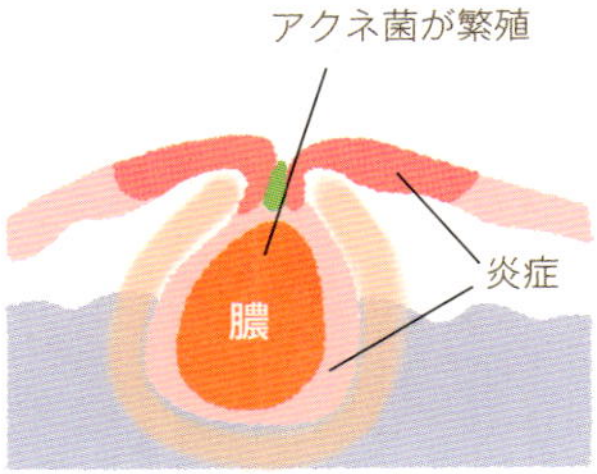

大人ニキビ予防のポイント

大人ニキビはどの肌タイプの人にもできる可能性があります。予防する生活習慣を身につけましょう。

・清潔

洗顔で肌を清潔に保つのはもちろん、肌に触れるタオルや寝具もキレイなものを使用しましょう。

・睡眠

睡眠不足が続くと、免疫力が低下し、ニキビができやすくなります。1日6時間以上の睡眠を心がけて。

・保湿

美容液などで保湿ケアすると過剰な皮脂分泌を防ぎ、ニキビができにくくなります。

・油分を避ける

乳液やクリームで過剰に油分を与えるのはNG。油分が多いリキッドファンデも使わないように。

・ノンコメドジェニック

ニキビのもとであるコメド（角栓）ができにくいことを確認している化粧品。ニキビができやすい人におすすめ。

ニキビ跡ができてしまったら

ニキビ跡は治しにくいので、気になる場合は美容皮膚科へ。

色素沈着にはビタミンC

茶色のシミのようなニキビ跡は、色素沈着。メラニンを抑えるビタミンC誘導体配合の美白コスメを使えば、徐々に薄くなります。

クレーターはクリニックへ

少し凹んでいる程度のニキビ跡なら、ピーリング（→P17）で徐々に改善していきます。深いものはレーザー治療もおすすめです。

食事を見直してニキビを防ぐ

ニキビをつくらないために、食生活を見直しましょう。

積極的にとりたい食材	控えたい食材
ニキビ予防に効果があるのは、鉄、ビタミンB群、ビタミンA、C、E。便秘もニキビの原因になるので、食物繊維もとりましょう。	香辛料やカフェインは胃腸を刺激し、ニキビを悪化させることも。糖分は皮脂分泌を促進させます。
例 豚や鶏のレバー、牛肉(赤身)、うなぎ、カツオ、ニンジン、エリンギ、しめじ など	例 カフェイン、スパイス、生クリーム、ご飯、白砂糖 など

パプリカと豚肉のオイスターソース炒め

豚肉でビタミンB_6、パプリカでビタミンA、C、E、エリンギで食物繊維がたっぷりとれるニキビ予防のレシピ。

材料（2人分）

豚肉…150g
赤・黄パプリカ…各1/2個
エリンギ…1パック
ごま油…小さじ1

A
- オイスターソース…大さじ1
- 鶏がらスープの素…小さじ1
- 水…50cc

片栗粉…小さじ1

作り方

1. Aの材料を混ぜ合わせておく。豚肉とパプリカ、エリンギは食べやすい大きさにカットする。
2. フライパンにごま油を熱して、豚肉を炒め、火が通ったらパプリカ、エリンギを入れる。
3. Aを加えて炒め合わせ、水溶き片栗粉を入れてとろみをつける。

はあ…
また
シミが
濃くなってる
増えてる
気もする…
5万円
高級クリーム
買おうかな…
ALBUM
若い頃の悩み
なんて
カワイイもの
だったわ
20代
フェイスラインの
ニキビ
コレ
社員旅行にて
30代
目の下のクマ
コレ
コレ
忘年会にて
40代になると
老いがすぐそこに
迫ってきてるのが
分かるの
誰!?
シミ
くすみ
シワ
たるみ

明日が来るのがコワくて
コチ
コチ
コチ
寝ると1日分歳をとる…
恐れることはありません…
諦めないで
アンチエイジングしましょう
神⁉
美紀です
クリニックの前でふるえてる人がいるって
一番気になるのはどこ?
シミです
見るたびに増えてる…
主なシミの種類
老人性色素沈着
炎症性色素沈着
肝斑《かんぱん》
気になるシミのほとんどはコレ！
※詳しくはP105

ほとんどのシミの原因は紫外線
紫外線
表皮
真皮
メラニン
メラノサイト
紫外線を浴びるとメラノサイトでメラニンがつくられるの
歳とともにターンオーバーのサイクルが遅くなるとメラニンがたまってシミになるの
シミ対策の基本は予防よ
正しいUVケア
一年中このファッション
美白化粧品でメラニンを制御
アルブチン、トラネキサム酸etc…
ピーリングで古い角質と一緒にメラニンもオフ!
ターンオーバーを
正常に整える

シミに効果のある栄養をとることも必要よ！
ビタミンC
パプリカ
ナッツ類
ビタミンE
ハイ質問!!
できてしまったシミはどうすればいいですか？
濃く定着したシミは化粧品では消えません
床の汚れとは違うのよ
ゴシゴシ
なんですって!!
ガーン
できてしまったシミにはレーザー治療が効果的よ
大丈夫？
ふわ〜
保険適用外だけど
レーザーを照射してシミを除去する治療法があるの主に美容皮膚科で受けられるわ

たるみ

たるみは老け顔の元凶
若い頃からのケアが大切

たるみは、ハリを失った肌が重力に耐えきれず、下がっていく現象。肌のハリに必要なコラーゲンを増やせば改善できます。レチノールなどハリを出す効果のある美容液を使ったり、コラーゲンの材料となる栄養を積極的にとりましょう。

たるみの主な原因

・肌弾力の低下

30代の頃から、コラーゲンが減少し、真皮と表皮の結びつきが弱くなるため、皮膚の表面だけが下にずれ落ちてたるみます。

・紫外線

紫外線を受けて発生する活性酸素によってコラーゲンが減少すると弾力が低下し、たるみの原因に。

・表情筋の衰え

顔の筋肉が衰えると、皮膚も一緒に緩んでたるみます。

コラーゲン飲料は効く?

サプリメントやドリンクでコラーゲンをとっても効果はないとされてきました。口から入ったコラーゲンは、体内でアミノ酸に分解され、内臓や筋肉などに優先して使われるため、皮膚に届くのは微量だからです。しかし、最近の研究で、毎日摂取すると肌のコラーゲン生成に影響があるとわかってきました。たるみ対策にコラーゲン飲料を取り入れるのは有効です。

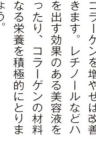

たるみのケア

たるみが気になる部分と対処法を紹介。悪化する前に予防しましょう。

たるみやすい場所

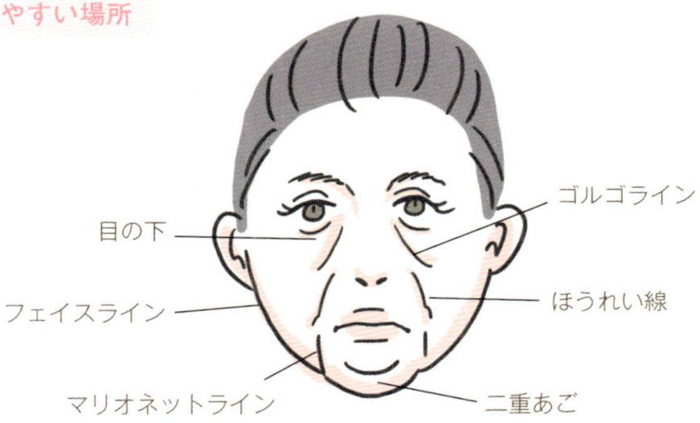
目の下
ゴルゴライン
フェイスライン
ほうれい線
マリオネットライン
二重あご

予防法

紫外線予防

コラーゲンを減らさないためには、紫外線対策は必須。

ピーリング

加齢によるたるみは、ピーリングでターンオーバーを促し、コラーゲンの量を増やすことで予防できます。

食事でコラーゲンを増やす

タンパク質や鉄、ビタミンCはコラーゲンの材料となり、ハリを取り戻します。牛肉（赤身）、ホタテ、柑橘類をとりましょう。

美容成分でコラーゲンを増やす

コラーゲンの合成を促進する、レチノールやビタミンC誘導体配合の化粧品を使うとたるみ予防につながります。

顔の筋力アップ

目もとや頬、あごなど気になる部位の筋肉をストレッチすることでたるみを予防＆改善できます。

二重あご予防の筋トレ中よ！
5秒数えながら
真上に舌を突き出す

頬のたるみ解消エクササイズ

口を大きくあ・い・うの形に開いて、頬の筋肉を鍛えます。

❶ 大きく口を開け、10秒キープ。

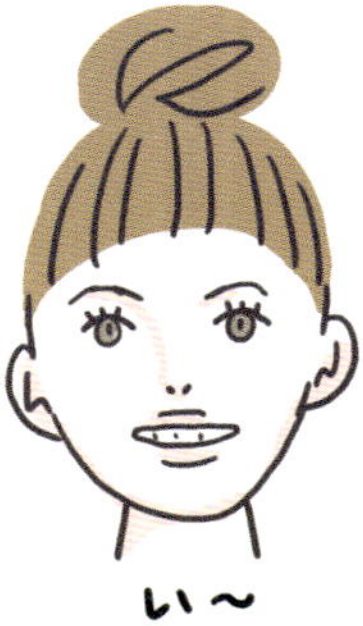

❷ できるだけ口を横に開いて10秒キープ。

❸ 口をすぼめて10秒キープ。

あごのたるみ（二重あご）解消エクササイズ

あご下の筋肉と頬の筋肉がゆるむと二重あごになります。

❶ あごの奥に両手の親指を添えて、7～10秒押し込む。

❷ 口を開けながら、手のひらで頬の中央を10秒押し込む。

クセを直して二重あごを予防

二重あごは日頃の生活習慣にも原因があります。クセや習慣を直して二重あごを防ぎましょう

猫背

猫背であごを突き出して、だらんとイスに座っていると、顔周りがたるむ原因になります。

柔らかい食事

あまり噛まなくてもいい食事を続けていると、あごの筋肉が弱り、二重あごに。

無表情、会話が少ない

顔の筋肉を使わないと、顔全体の筋肉が衰えて、二重あごに。

ホタテのカルパッチョ

ホタテのタンパク質と鉄、グレープフルーツのビタミンCでぷるぷる肌に。

材料（2人分）

ホタテ（生食用）…6個
グレープフルーツ…1/2個
貝割れ大根…1/2パック

A
- オリーブ油…大さじ2
- 酢…大さじ1
- 塩、こしょう…適量

作り方

1. グレープフルーツの皮をむき、カットし、ホタテは薄くスライス。Aは混ぜ合わせておく。
2. ホタテとグレープフルーツを盛りつけ、ソースをかけたら上に貝割れ大根をのせる。

ホタテは高タンパクで低カロリー

むくみ

食事と運動で むくみを解消！

塩分やアルコールをとりすぎると、皮膚の細胞と細胞の間に水分がたまり、むくみを引き起こします。また、加齢によって心臓のポンプ機能が弱まると、血液の流れが悪くなり、むくみやすくなります。利尿作用のある食べもので水分を排出したり、運動で血の巡りをよくすることで、むくみを解消しましょう。

むくみに効く栄養素

・カリウム

塩分を尿と一緒に排出するので、塩分の多い食事やアルコールをとった時は、特に意識してとりましょう。バナナ、メロンなどの果物・昆布などの海藻類に多く含まれています。

・サポニン

水分の代謝を高める栄養素。小豆、大豆、緑豆など豆類に含まれます。

ウォーキングで予防

女性は男性に比べ、筋肉量が少ないので、むくみやすいといわれています。普段、運動をしない人は、ウォーキングなどで筋力をつけましょう。筋力がつくと、心臓から血液を送るポンプ機能が動き出し、血の巡りがよくなるので、むくみが解消できます。

冬瓜のスープ

利尿作用のある冬瓜と昆布でつくるむくみ予防のスープ。

材料（2人分）

冬瓜…1/8 玉　とろろ昆布…ふたつまみ　しょうゆ…少々
だし汁…300cc　みりん…大さじ 1/2
ネギ…10cm　塩…小さじ 1/2

作り方

❶ 冬瓜は皮をむいて、種とワタを取り、ひと口大にカット。ネギはみじん切りにする。

❷ 鍋に冬瓜とだし汁を入れ、沸騰したら弱火にし、冬瓜が半透明になるまで煮る。

❸ 調味料を加えて 5 分煮たら、とろろ昆布を加えて、さらに 3 分煮る。器に盛り、刻みネギをちらす。

むくみ解消マッサージ

首をマッサージすると、顔の水分が流れやすくなります。

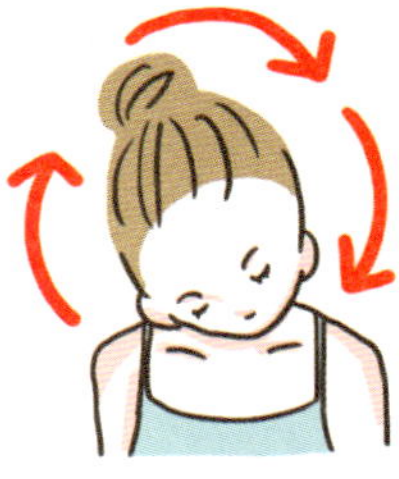

❶ 首を右に5回、左に 5 回まわす。

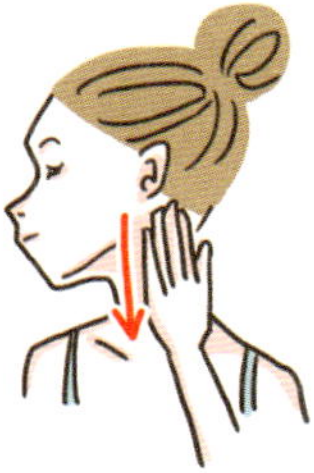

❷ 指で耳の後ろから鎖骨までを 10 回さする。

くすみ

原因に合わせた対策で透明肌を取り戻す

肌をどんよりさせるくすみの原因は、ターンオーバーの乱れや紫外線、血行不良、乾燥とひとつではありません。原因に合ったケアを行えば改善されるので、自分のくすみがどのタイプなのか見極めましょう。

貧血予防でくすみ改善

貧血になると顔色が悪く見えます。女性は月経によって、毎月約45㎖の出血があり、約22㎖の鉄分を失うため、意識的に鉄分を摂取しましょう。また、貧血対策にはレバーやカツオに含まれるヘム鉄をとりましょう。ほうれん草などに含まれる鉄は、非ヘム鉄といい、ヘム鉄より吸収率が低くなります。ヘム鉄や非ヘム鉄は、ビタミンCを一緒にとると吸収率がアップします。

タバコで肌がくすむ

タバコを吸うと、毛細血管が収縮するため、肌に酸素が行きわたらず、血行不良になります。血流が滞ると、肌は透明感を失って、どんよりくすみます。さらに、活性酸素の影響で肌が酸化するため、コラーゲンの生成が低下し、シワ、シミ、たるみなどの老化につながることも。美肌を目指すなら、禁煙は外せません。

原因別の対処法

くすみの原因に合わせたケアで、透明感のある肌を取り戻しましょう。

ターンオーバーの乱れ

肌の新陳代謝が乱れ、本来はがれるはずの古い角質がたまると、褐色がかった灰色に見えます。

ケア方法 ピーリングで古い角質を除去し、レチノール配合コスメでターンオーバーを促進する。

日焼け

紫外線の影響でメラニンがたまり、排出がスムーズにいかないと、肌全体がくすみます。

ケア方法 ビタミンＣ誘導体、トラネキサム酸など、美白成分が入った化粧品で紫外線ケアする。

乾燥

肌が乾燥すると角質層がグレーがかってきます。

ケア方法 セラミドやヒアルロン酸配合の美容液で保湿ケア。肌がうるおいを取り戻すと、みるみる色が明るくなる。

血行不良

貧血や運動不足などで血行が悪くなると、青っぽくくすみます。

ケア方法 鉄分をとって貧血を改善。顔を温めたり、マッサージや軽い運動を行って血行をアップさせて。

即効性アリ！　ホットタオルパック

血行不良によるくすみは、温めるとすぐに解消できます。

水で絞ったタオルを
レンジで1分チンしてもいい

❶ お湯で絞ったタオルを顔全体にのせる。

❷ 耳の下から首の後ろを温めると、体全体が温まるのでより効果的。

体の血行をよくすると、顔の血行もアップしくすみの改善になります。寝起きに体を伸ばすだけでも血行がよくなります。

肌をくすませないハーブティー

糖化（→ P138）もくすみの原因。抗糖化作用のあるハーブティーを飲んで予防しましょう。

抗糖化作用のあるハーブ

カモミール、甜茶《てんちゃ》、ドクダミ、グァバは、抗糖化作用があると認められています。

毎日続けて飲むと
効果があります

血行を高める栄養素と食材

たっぷりとって、体の中からくすみを改善しましょう。

ビタミンA	肌のうるおいを保つビタミンAは、乾燥によるくすみに有効。 例 豚肉、うなぎ、鶏レバー、ニンジン、みかん
鉄	血行不良には、ヘモグロビンの成分となる鉄をたっぷりとって。 例 鶏や豚のレバー、あさり、ひじき、ほうれん草、豆腐
ビタミンC	活性酸素を除去し、メラニンの沈着の制御するので、日焼けが原因のくすみに有効。パプリカのビタミンCは熱に強く、油と一緒にとると吸収率が上がる。 例 アセロラ、イチゴ、たらこ、パプリカ、ブロッコリー、ゴーヤ

レバーサラダ

ビタミンA、C、鉄をバランスよくとることができます。

材料（2人分）

- 鶏レバー…120g
- レタス…1/2個
- パプリカ…1/2個
- 好みのドレッシング…適宜
- A
  - タマネギ…小1個
  - ニンニク…1/3かけ
- B
  - 赤ワイン…大さじ3
  - バルサミコ酢…大さじ3

作り方

1. レタスはちぎり、パプリカと玉ねぎは薄くスライス、ニンニクはみじん切りにする。
2. 油を熱したフライパンでAを炒め、しんなりしたら、鶏レバーを加え、表面に焼き色がついたらBを加え煮つめる。
3. レタスとパプリカをドレッシングで和え、②を盛る。

レバーは調理前に牛乳に浸すとくさみが取れる

シミ

できる前、濃くなる前にシミは予防が鉄則

ひとつあるだけで老け顔に見えてしまうシミ。紫外線などが原因で、肌を保護するメラニンが大量につくり出されたり、排出されずに蓄積されたりすると、シミになります。濃くなったシミは、化粧品では消せないとされています。そのため、大切なのは予防。紫外線を浴びる機会が多い人ほど、徹底的な予防を心がけましょう。

シミができやすい人

紫外線を浴びた後の状態で、シミができやすい肌か判断できます。

・赤くならないで黒くなる

シミやくすみができやすいタイプ。日常的に美白ケアをするのがおすすめ。

・赤くなった後、黒くなる人

日本人に多いタイプでシミはできにくい。肝斑《かんぱん》など女性ホルモンも影響するシミに気をつけましょう。

美白コスメは予防用

美白化粧品はシミができてから使うものと思っていませんか？　実は、美白コスメは予防のためのもので、メラニンの生成を抑えたり、できてしまったメラニンの排出を促すのが本来の目的。紫外線予防と合わせて毎日のケアに取り入れましょう。

シミの種類とケア方法

色々なタイプのシミがあり、それぞれケアの方法が違います。

老人性色素沈着

紫外線が原因のもの。頬骨の辺りや顔の外側にできやすく、次第に濃くなる。

ケア方法 定着すると美白化粧品では消えなくなるため、レーザー治療が必要になる。

炎症性色素沈着

傷やニキビ、虫さされなどの跡が茶色くシミになったもの。紫外線を浴びるとさらに濃くなる。

ケア方法 美白化粧品やピーリングが有効。半年～3年ほどかけて、自然に消えるものもある。

肝斑

頬骨や額付近に左右対称にできる赤みをおびたシミ。紫外線のほか、女性ホルモンやストレスも関連しているといわれる。

ケア方法 美白化粧品やピーリング、トラネキサム酸の内服薬が有効。

鼻から頬にかけて小さな茶色いシミが散らばるそばかすは、遺伝的なもので、美白化粧品ではあまり薄くなりません。

シミができる仕組み

シミの原因となるメラニンは本来、肌細胞のDNAを守るためのもの。メラニン＝悪者ではありません。紫外線をたくさん浴びると、メラニンをつくる指示が出続け、過剰にできたメラニンが排出しきれず、シミになります。

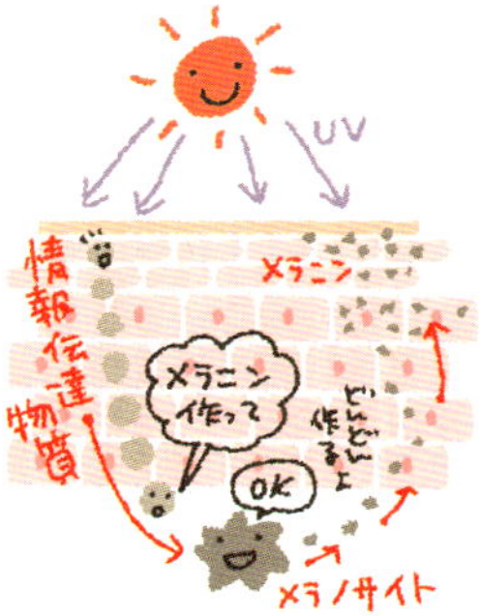

メラニンはターンオーバーとともに排出されるので、ターンオーバーの乱れもシミができる原因です。

美白成分を使い分ける

美白成分にはたくさんの種類があります。成分の種類と特徴を知って、使い分けましょう。

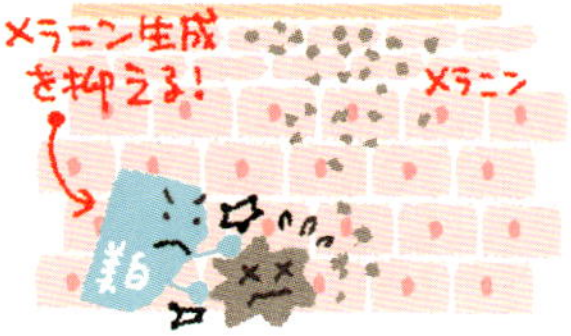

シミを増やさない

メラニンをつくる指示をする情報伝達物質に働きかけ、メラニン生成の指示をブロックする。

このタイプの美白成分　アルブチン、エラグ酸、カモミラET、ルシノール、トラネキサム酸、プラセンタエキス、コウジ酸など

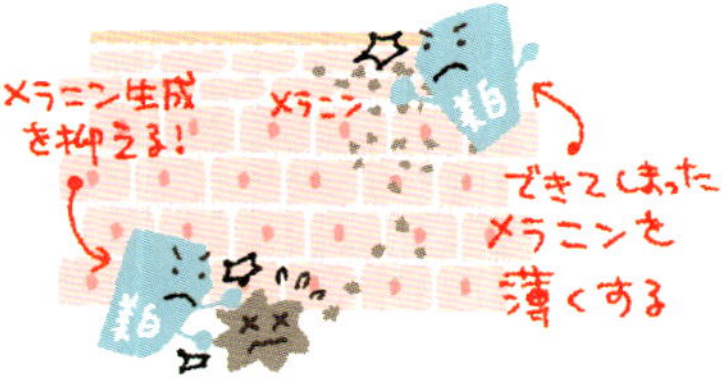

シミを薄くしていく

メラニン生成の指示をブロックするだけでなく、メラニンを薄くする効果もある。

このタイプの美白成分　ビタミンC誘導体、ハイドロキノン

シミに効く栄養素

代謝を促し、メラニンの生成や沈着を抑える栄養素でシミを予防しましょう。

ビタミンA ビタミンC	抗酸化作用のあるビタミンAとCを両方含む食材は、肌の代謝を高める。 例 ほうれん草、ニンジン、パプリカ、ブロッコリー、小松菜、かぼちゃ、トマト、春菊　など
エラグ酸	ポリフェノールの1種で、美白成分として厚生労働省の認可を受けている成分。メラニンの増加を防ぐ働きがある。 例 くるみ、ザクロ、クランベリー、ラズベリー、イチゴ、クコ茶　など
レスベラトロール	ポリフェノールの1種で、メラニンの生成を抑える効果がある。 例 ココア、赤ワイン、ブドウ、サンタベリー、アーモンド、ピーナッツの皮　など

ほうれん草のクルミあえ

ほうれん草でターンオーバーを整え、クルミで美白に。

材料（2人分）

ほうれん草…1束
くるみ（無塩）…25g

A
- しょうゆ…大さじ1/2
- みりん…大さじ1/2
- 砂糖、塩…少々

作り方

1. ほうれん草はゆでて、水気を絞ったら、4～5cmに切る。くるみは軽く炒ってから、すり鉢に入れて粒が残る程度にする。
2. ボウルでAを混ぜ合わせ、①を入れて和える。

美容皮膚科の最新医療

肌トラブルの改善やアンチエイジングのための処方をするのが美容皮膚科。最先端の機器による施術ができるのが魅力です。

皮膚科との違い

皮膚疾患の治療を目的とするのが皮膚科。美容皮膚科は、美容の観点から肌トラブルを改善します。美容皮膚科の治療は、ほとんどが保険適用外なので自費となります。

ニキビを治すのが皮膚科
ニキビ跡を残さないように
治すのが美容皮膚科

クリニックを選ぶ場合は、施術の料金だけでなく、ホームページや口コミを参考にしましょう。

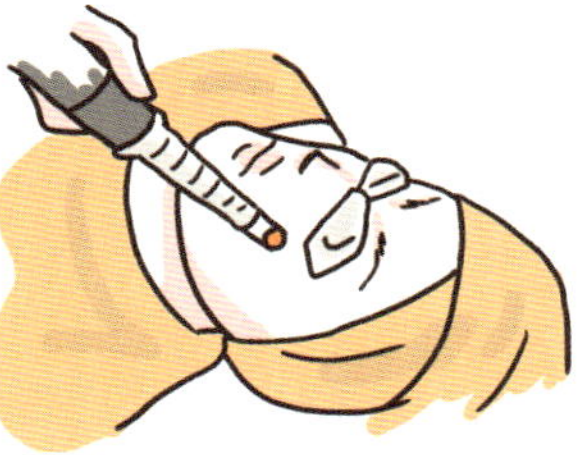

シミにはレーザー

シミにはレーザー治療が効果的。シミに直接レーザーを当て、肌の奥にあるメラニン色素を破壊する「Qスイッチ付きレーザー」など、さまざまな医療機器があります。

シミをとった後のセルフケアも大切。日々のUVケアを継続しましょう。

シワには注射

筋肉の動きを抑える効果のある「ボツリヌス毒素」を使う、ボトックス注射をシワの改善に使います。また、シワやたるみに、直接ヒアルロン酸を注射する方法も使われています。

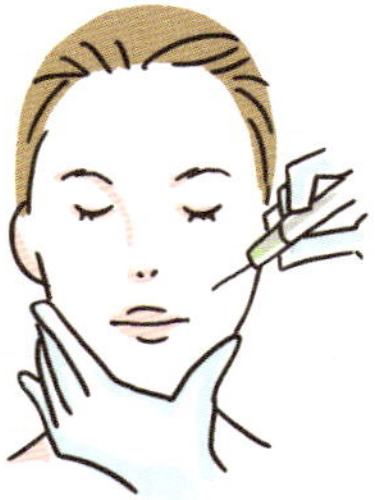

徐々に体に吸収される

ボトックスは注射してから3、4日で効果が出始め、3～6ヵ月間持続するのが一般的。ヒアルロン酸注射の効果は4～6ヵ月程度とされています。

その他の主な美容医療

美容皮膚科で行う施術は、組み合わせて利用すると、より効果を得られることも。セットで提案するクリニックもあります。

ピーリング	専用の薬剤を顔に塗り、古くなった角質をはがす。毛穴の詰まりを改善させ、肌のターンオーバーを正常にする。
フォトフェイシャル	皮膚に有効な光を当てて、肌のハリ、キメ、くすみやシミ、ニキビを改善する。ピーリングを併用すると、より高い効果が期待できる。
イオン導入	皮膚に微弱な電流を流すことで、ビタミンCやコエンザイムQ10などの有効成分を肌の深部まで浸透させる。
医療レーザー脱毛	医療機関でしか使用できないレーザーを使って、毛根にダメージを与え、新たな毛が生えてくるのを防ぐ。エステで使う光治療器は、医療用に比べ出力が弱いので効果も弱め。

ブルルル…
スマホ鳴ってるわよ！
ブルルル…
ちょっと…
はい！大丈夫です
はい♡
はい♡
誰から？
例の彼？
コクン
コクン
発表します
今夜食事に誘われました
今日？
うんうん
大丈夫ですか？

今日はお気に入りの服だし
残業ないし…
ちょっと来てちょうだい
なんですか…?
WC
テカテカ
ドロドロ
化粧崩れヒドイ!
毛穴ガブツブツ
あの人の所へ行かねば!
仕事は!?
誰のとこ?
あの人のところ
Caffe Organic
ドロドロよ
あんた…
はぁはぁ
こわいニャー
一生のお願いです!!
ガバッ
カクカクシカジカ

お入りなさい
ほへー
そこ座ってて
わー♪ わーん
元カリスマヘアメイクの腕の見せどころね
さてと♪
ポーチにあると便利な5つ道具
MILK
乳液
コットン
ティッシュ
綿棒
スポンジ
ヒドくなければティッシュで余分な皮脂を押さえればいいの
でも、ドロドロテカテカの場合はコットンに乳液をしみ込ませて
この3ヵ所のファンデを拭き取る
乳液
Tゾーン
小鼻
ほほ

オフした部分に乳液をしみ込ませて
乳液
ポンポン
ファンデをスポンジで薄く塗るの
アイブロウは綿棒で皮脂を拭き取ってから描き直して
にじんだ目のまわりは乳液をつけた綿棒でオフしてね
やさしくオフ
ササ
ササササ
ハイ完成！
行ってらっしゃい
チン
いつもキレイですねまた会ってもらえますか？
よろこんで♥
店長ありがと♪

翌週
あの人の所へ！
今度はアンタなの？
た…た…助けてください
ぜー ぜー
実は今日参観日なんですが
前回こんなこと言われちゃって
クスクス
厚ぬりフケメイク
私？
クスクス
ムスコ
おばあちゃんが来てる!!

アタシも燃えてきたわ!
ゴーーッ
まずはメイクの前にマッサージ!
化粧ノリが違ってくるわ
マッサージ
マッサージ
しぶといクマはオレンジ系のコンシーラーで隠して
目もとの小ジワはブラシでハイライトを入れると光の効果でシワが目立たないの
これでバッチリ!
コンタクトにしようかしら……
キーンコーンカーンコーン
えっ!?
うそー
ママ
誰のママ?
キレイ

メイク① ベース

ファンデーションの前にたっぷり時間をかけて

メイクのプロが一番時間をかけるのがベースづくり。肌の状態がいいと、化粧ノリもよく、時間が経っても崩れにくいからです。

基本のスキンケアを行った後、すぐにメイクを始めるのでなく、マッサージやツボ押しをして、血行をよくしましょう。

最強ツールは〝指〟

自分の指は、ブラシやスポンジ以上に使えるメイク道具です。メイク下地やファンデーションを塗り広げる時は、中指と薬指を使います。また、目尻などの細かい部分を塗る時は、薬指の腹で、トントンと叩きながらなじませます。

第２関節より先を使って、まんべんなく広げて

道具の手入れ

メイク道具を清潔に使うには、定期的な手入れが必要です。

・スポンジ

1回のメイクで1／2面を使い、4回使ったら、専用のクリーナーか石けんで洗って乾かします。

・ブラシ類

洗いすぎるとコシがなくなるので、使用後はティッシュで汚れを取り、洗うのは3ヵ月に1度でOKです。

ファンデーション前にマッサージ

スキンケアの際に、乳液を使って１分間のマッサージ。仕上がりに差がでます。

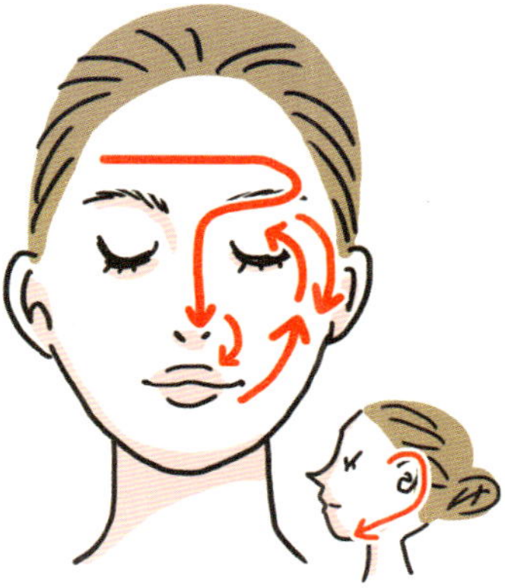

左右同じようにマッサージする

❶ 額→眉→鼻筋→小鼻→口もと→頬→目もと→フェイスラインの順にやさしくなでるように右側、左側をマッサージ。

❷ ①と同じ順で、もう一度マッサージする。肌がゴワついている時は、眉、口もと、目もと、頬を指圧するように押す。

❸ 耳の前から後ろにかけて押しながらなでて、リンパを流す。

下地の塗り方

下地は、中指と薬指を使ってのばし広げ、ムラなく仕上げます。

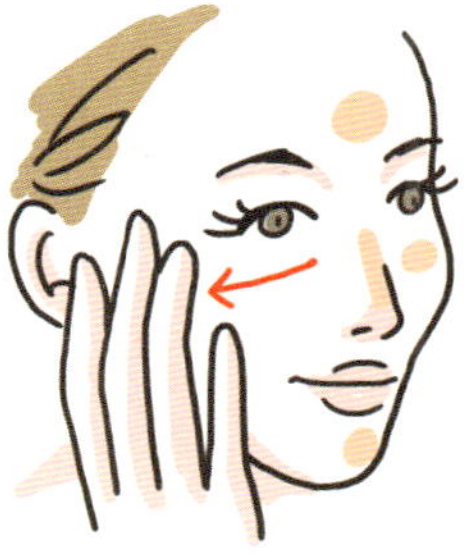

❶ 額、鼻、両頬、あごの５ヵ所に下地をのせ、中指と薬指の腹を使って、顔全体にのばす。

❷ スポンジで全体を軽く叩いて、下地をなじませる。小鼻や目のキワはスポンジの角で丁寧にならす。

メイク②

ファンデーション

パウダーとリキッドはなりたい肌で使い分け

パウダータイプのファンデーションはクレンジングしやすく、肌にやさしいのですが、ツヤ感のある仕上がりになるクリームタイプにも魅力があります。マットに仕上げたいときはパウダー、ツヤ肌に見せたい時はクリームと使い分けるのがおすすめ。

購入前は試しづけを

ファンデーションを選ぶ時に、手の甲で色を確認するのはNG。手と顔では肌の色が違うので、正しくジャッジできません。面倒でもメイクオフしてサンプルを頬や輪郭まで広げて、肌なじみするか確認しましょう。そのまま半日以上過ごし、テカリや色ぐすみなどを確認すると失敗が避けられます。

BBクリームの使い方

スキンケア成分、下地、ファンデーション、日焼け止めなどの機能がひとつになったBBクリームは、機能よりもファンデーションとして、自分の肌に合うかを重視。色が合わない場合は、下地にコントロールカラーを使って調整することもできます。

素肌っぽく仕上げるテクニック

顔のすみずみまで、同じ調子で塗っていませんか？　プロは部分によって厚みを変えて、ツヤや素肌感を出しています。

メリハリをつけて塗る

顔の自然なメリハリが活きるように、鼻や頬など高い所は厚めに、目もとなど低い所は薄めに塗るとナチュラルに仕上がります。

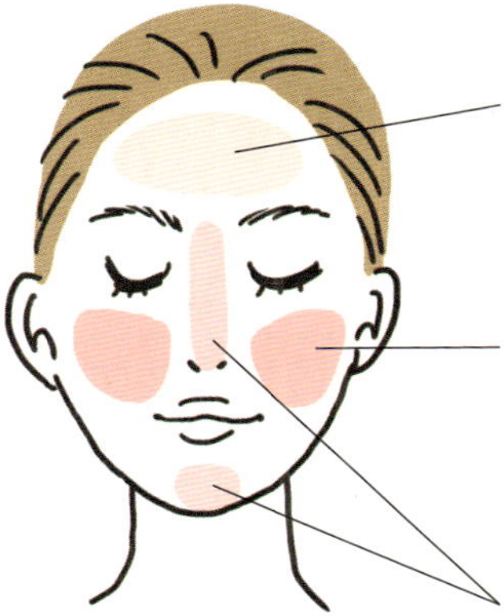

ピンクが薄い部分は薄く、濃い部分は厚めに塗る

目頭・額

目頭はもっとも薄く、額は中央から外側へいくほど薄くなるようにグラデーションをつけて塗り、立体感を出します。

頬

顔のなかで一番面積があり、シミやくすみが目立つ場所なので、厚めに塗ってカバーしましょう。

鼻筋・あご

顔の中で骨格が出っ張っている場所ですが、肌トラブルが少ないパーツなので、頬よりやや薄めに塗ります。

塗るのは頬→額→鼻→あごの順に。顔の中心から外側へ向かって塗ります。

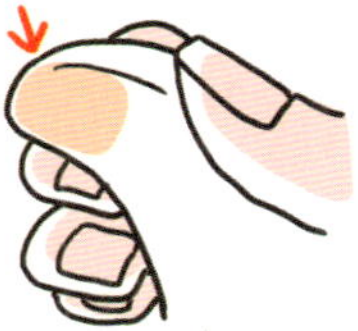

小鼻はスポンジの角を使って塗り残しなく！

メイク③

メイク直し

ただ重ね塗るのはNG テクニックを使い分け

メイク直しをする時、崩れた部分にいきなりファンデーションを重ね塗りすると、粉浮きしたり、ムラがひどくなります。ティッシュでオフしてから塗り直す、自分の皮脂をファンデーションとなじませるなど、崩れ方に合わせて、テクニックを使い分け、メイクしたての肌に見せましょう。

崩れやすい部分

メイクが崩れる原因は皮脂と乾燥です。

・皮脂で崩れる部分

Tゾーンは皮脂腺が多いためベタついてメイクが崩れます。

・乾燥で崩れる部分

頬がカサついてファンデーションが崩れる場合もあります。

朝、保湿をしっかりすると崩れにくい

お直しに使える道具

・乳液

コットンにしみ込ませて、メイクオフに利用する。

・ティッシュ

面積が広くて使いやすいのであぶら取り紙代わりに使う。

・スポンジ

塗り直し用のきれいなスポンジがあると便利。

・綿棒

目や眉など、細かい部分を直す時に活躍する。

メイク直しのテクニック

直すパーツや崩れ具合に合わせてテクニックを使い分けします。

Tゾーン

❶ 中指と薬指で肌の上の皮脂とファンデーションをなじませ、なめらかにします。

❷ きれいなスポンジで、Tゾーンの余分な皮脂を取る。メイク感が欲しい時は薄くファンデーションをのせる。

メイク崩れがひどい時は、乳液を浸したコットンでメイクオフしてから、ファンデーションを薄く塗り直します。

アイブロウ

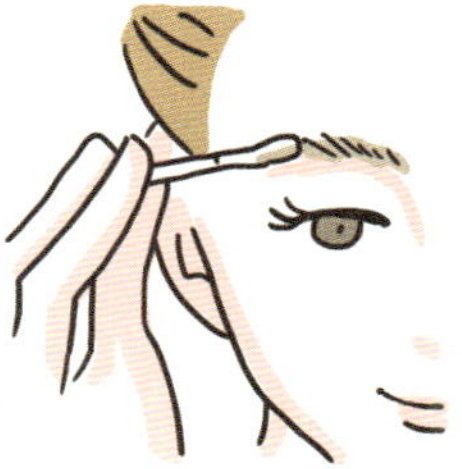

❶ 乾いた綿棒を使って、にじんでいる部分を拭き取る。

❷ オフした部分を描き足し、ルースパウダーで軽く押さえる。

リップ

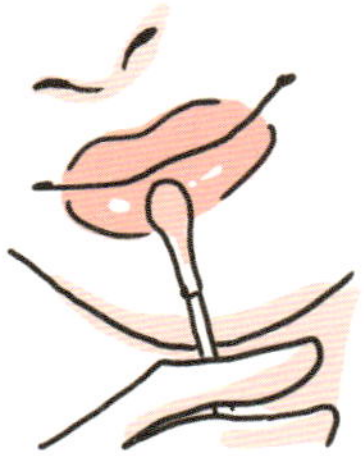

❶ リップバームを綿棒につけて、オフしながら保湿する。

❷ 唇がうるおったら、リップを塗り直す。

悩み別メイク法

シワやクマなど肌の不調をカバーするメイクで、急なお出かけなど、ピンチの時も美しく補正しましょう。

シワはハイライトでカバー

目もとのシワやほうれい線が目立つのは影のせい。ハイライトを入れることで、目立たなくします。

目もとのシワ

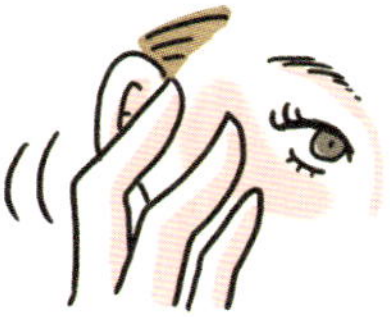

❶ ツヤ感のあるファンデーションを塗る。

❷ 目の下に三角形になるように、ブラシでふわっとハイライトを入れる。

ほうれい線

❶ 下地を塗ったら、筆ペンタイプのコンシーラーを使って、ほうれい線のラインをなぞるようにしてハイライトを入れる。

❷ 頬を膨らませて、シワを確認。のびる部分を軽く叩きながら、線をぼかすようにコンシーラーを指で細長くなじませる。

シミは固めのコンシーラーで隠す

頬のシミはクリームより固いコンシーラーを使うのがおすすめ。色はシミの周囲の色に合わせるか、やや暗めを選ぶと失敗しません。

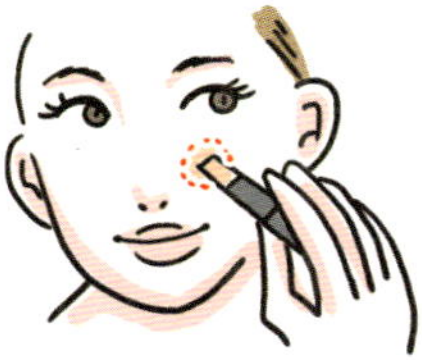

❶ 隠したいシミより大きめに、コンシーラーを塗る。

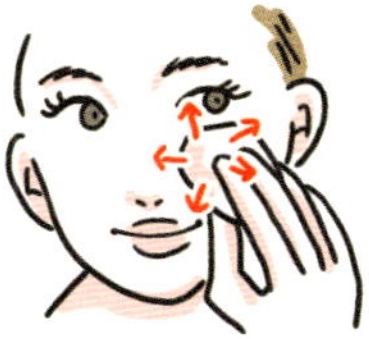

❷ コンシーラーと周りの肌との境目を軽く叩いてなじませたら、スポンジにルースパウダーを少しつけ、軽く押さえる。

コンシーラーの種類

コンシーラーには、様々な種類があります。肌トラブルを隠したい場所に合わせて使い分けましょう。

筆ペンタイプ	軽いテクスチャーで手間なく塗れる。広範囲をカバーできるうえ、やわらかいので、動きのある目もとや口もとにも使える。
クリームタイプ	色のバリエーションが豊富なので、場所によって使い分けができる。小さな筆を使って塗るので、細かいシミに使えるのもいい。
スティックタイプ	直接塗れるので、広い面もカバーできる。テクスチャーは、メーカーによって違う。
アプリケータータイプ	手軽につけられ、持ち運びにも便利。やわらかなテクスチャーで目もとや口周りのカバーに適している。
ペンシルタイプ	細かい部分の修正に。リップラインの補正にも使える。

第3章

美肌のための生活習慣

食事からとる栄養、睡眠や運動は
美肌にとって欠かせないもの。
美しくなるための習慣を身につけましょう。

チュン　チュン…
ザバーッ
肌の調子はよくなっているのに
ニキビだけ…
お手入れはちゃんとしてるのに…
お手上げだわ
CLINIC
Coffee
私の何がいけないの？
コレコレ
そうねえ…
お通じはちゃんとある？
えっと…
3日ぐらい前からない気がする

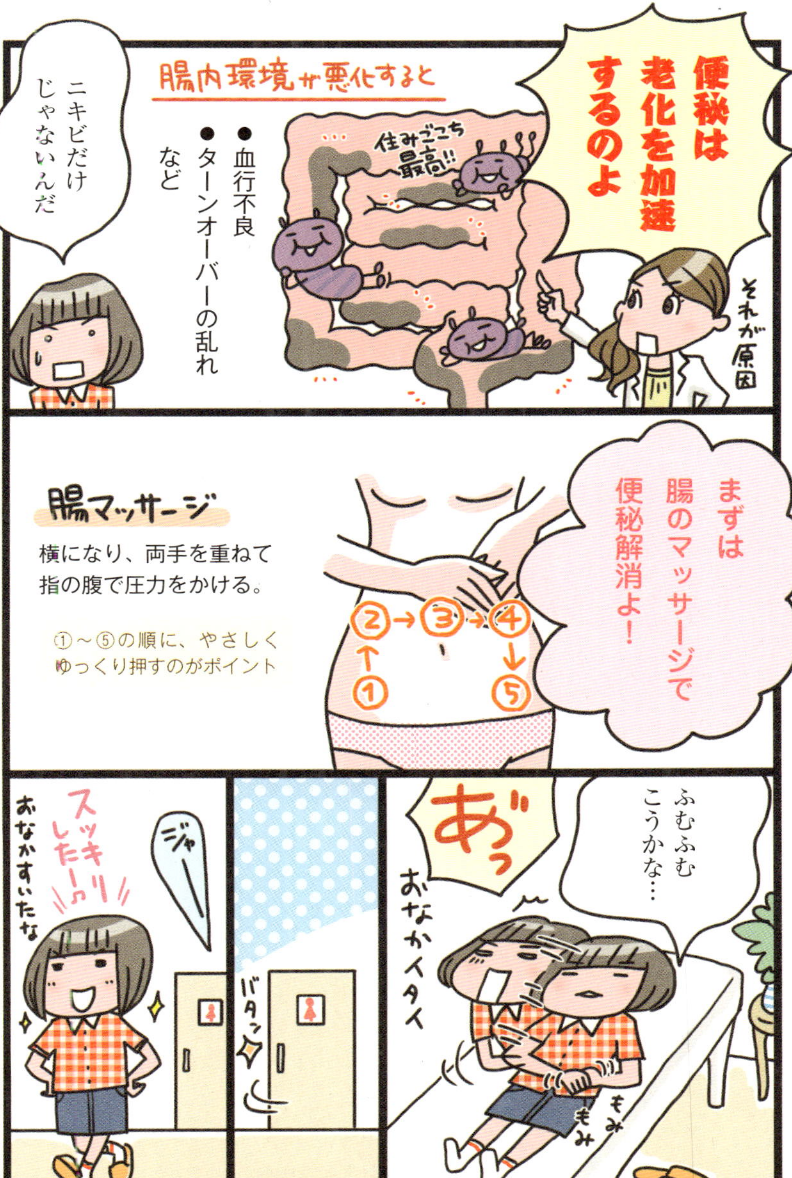

便秘は老化を加速するのよ
それが原因
腸内環境が悪化すると
●血行不良
●ターンオーバーの乱れ
など
住みごこち最高!!
ニキビだけじゃないんだ
まずは腸のマッサージで便秘解消よ!
腸マッサージ
横になり、両手を重ねて指の腹で圧力をかける。
①～⑤の順に、やさしくゆっくり押すのがポイント
① ② ③ ④ ⑤
ふむふむこうかな…
もみもみ
あ゛っ
おなかイタイ
バタン
ジャー
スッキリした～!♪
おなかすいたな

マッサージ
だけではダメ
食事も
大切なのよ
野菜を食べれば
いいのよね
常識ですっ
ランチの
添えもののサラダで
野菜をとった
気になってない？
今日1日分の野菜
チッチッチッ
甘いわね
量はもちろん
栄養も
考えてほしいの
Vitamin
A・B・C
え？
便秘には
食物繊維や
発酵食品
美肌のためには
緑黄色野菜…
バランスよく
食べるのが大切なの
覚えるのめんどくさっ
ヨーグルト
ひらめいた!!

週末
こんにちは
Caffe Organic
はいっ注目～
パンパン
美肌のための料理教室
←いつもの3人
してるよ
私が頼んだの
店長っていつも
究極の美は内側から作るのよ!!
って言ってるじゃない!?
それなら、皆に美肌料理のレシピを教えてって頼んだの
簡単だから覚えていってね
美肌ジャーサラダ
①ドレッシングを入れる
②固いものから順に詰める
③最後に葉ものを入れてフタをきっちり閉める
ほうれん草
スモークサーモン
プチトマト
クリームチーズ
パプリカ
ひよこ豆
ドレッシング
シャカシャカ
食べる前に振って
お皿に盛ればOK

パプリカはビタミンAとCがたっぷり
スモークサーモンは抗酸化作用の高いアスタキサンチンが豊富なの
ふぁ…
ほぉー
ふむふむ
パプリカ
スモークサーモン
ちょっと!!
昨日何時に寝たの？
夜中の3時…
美は睡眠中につくられるのよ！
質のいい睡眠を6時間以上確保して！
寝ている間に成長ホルモンが分泌するの!!
ええーー〜
そんなに寝るの〜？
私も寝つき悪くって
ムリ〜
こんなことをしていると眠りが浅くなるわ
お酒
体温が上がって眠りが浅くなる
あと一杯
PC、スマホ
1時間前には止めて
入浴
熱い湯はNG ぬるめのお湯で
あちー

とっておき入眠法
大の字に寝て深呼吸（腹式呼吸）
MILK
ホットミルク
アロマの香りでリラックス
やってみよ～
そこのおブスちゃん 最近太ったでしょ
キッ
ドキ
あ…味見を…
運動不足は…
代謝ダウン
↓
血行悪化
↓
ターンオーバーダウン
わざわざジムやプールに行かなくてもいいの 手軽にできる運動をほんのり汗をかくまで続けるのよ
さあ！お皿を拭きながらスクワットよ！
1
2
3
4
なんでわたしだけ
がんばれ～

食生活①

栄養

食べたものが肌になる
バランスのいい食事を

食事でバランスよく栄養をとるのは難しいもの。ミニサラダがついた外食で野菜を食べたつもりになっていたり、逆にたっぷりの野菜とスープでヘルシーな食事ができたと勘違いしがち。美肌に必要な三大栄養素と副栄養素をとれているか、食生活を見直しましょう。

美肌をつくる三大栄養素

・炭水化物

肥満のもとと敬遠されがちですが、腸内環境を整え、美肌をサポートする効果もあります。

・脂質

肌のうるおいやバリア機能を保つために必要。

・タンパク質

体をつくる栄養素で、体内で肌にうるおいを与えるアミノ酸に分解される。体でつくれない必須アミノ酸は食事からとりましょう。

美肌に必要な副栄養素

・ビタミン

皮膚を丈夫にするビタミンA、コラーゲン生成や美白に必要なビタミンCなど美肌には欠かせない栄養素。

・ミネラル

酸素を送るヘモグロビンやコラーゲンの生成に必要。足りないと肌がくすみます。

・食物繊維

腸の働きを活発にしたり、糖の吸収を穏やかにします。

毎食、5～7色を含んだ食事を！

P132の6つの栄養素をバランスよくとるために目安になるのが食品の色。毎食、5色以上の食品が入った食事をするよう心がけて。

赤	トマト、赤パプリカ、リンゴのビタミンCやE、鮭やエビのアスタキサンチンに抗酸化作用があり、アンチエイジングに効果的。
白	タマネギの刺激臭や辛みには、免疫力を上げ、代謝を高める機能がある。大根、カブ、カリフラワーなどアブラナ科の野菜には抗酸化作用がある。
黄	レモン、オレンジなど柑橘類にはビタミンCが豊富で美白に◎。カボチャのβカロテンは、ターンオーバーを整える。
緑	アスパラガスやほうれん草など緑の野菜に含まれる葉酸は、血流アップに。ブロッコリーには、抗酸化力の高いビタミンA、C、Eが豊富。
黒	黒ゴマ、黒大豆は抗酸化作用のあるポリフェノールが豊富。プルーン、レーズン、昆布には美肌に欠かせない鉄分がたっぷり。
茶	根菜やきのこ類は食物繊維が豊富。みそや納豆などの発酵食品は腸内環境を整える。
紫	サツマイモ、なす、紫キャベツには、ポリフェノールの1種、アントシアニンがたっぷり。抗酸化作用があり、アンチエイジングにぴったり。

レンジでチンすれば
ふかしイモに♫
ワタシは紫色が好き♡

美肌をつくる弁当

三大栄養素と副栄養素がしっかり入った弁当。抗酸化（→ P136）、抗糖化（→ P138）も考えた食材で、簡単にできるレシピを紹介。

メニュー

- 焼鮭
- プチトマトの肉巻き
- ブロッコリー

栄養 鮭に含まれるアスタキサンチンやトマトのリコピンは抗酸化力が強い。ブロッコリーは、ビタミンA、C、Eと鉄分たっぷり。

材料（1人分）

生鮭…１切れ	豚バラ肉…２枚	塩、こしょう…適量
プチトマト…４個	ブロッコリー 1/4 個	ごま油…適宜

作り方

❶ 生鮭をひと口大に切り、塩、こしょうを振り、フライパンにごま油をひいてこんがり焼く。

❷ 豚バラ肉をカットし、塩、こしょうを振ったら、プチトマトに巻きつける。

❸ ②をアルミホイルの上に並べ、トースターで５分程度焼く。

❹ ブロッコリーを小房に分け、耐熱容器に入れ、ラップをして電子レンジで１分 40 秒加熱する。

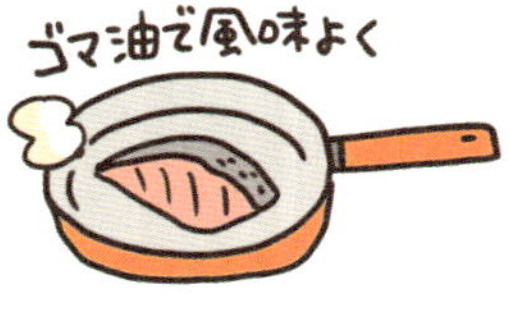

白米を玄米に変えるとGI値（→ P139）が低くなります。トマトのリコピンは加熱することで、体内での吸収力がアップします。

赤・白・黄・緑のカラフルサラダ

色とりどりの野菜を使った栄養たっぷりのサラダ。

材料
（2人分）

トマト…1個
タマネギ…1/4個
黄パプリカ…1/2個
サラダほうれん草…1束

A
オリーブ油…小さじ2
酢…小さじ1
しょうゆ…小さじ1/3
和風だし（顆粒）…小さじ1/2

作り方

1. トマトはくし切りに、タマネギは薄くスライス、パプリカは輪切り、サラダほうれん草は食べやすい大きさに切る。
2. Aを混ぜ、ドレッシングをつくる。
3. ①と②を和える。

黒・茶のヘルシー煮物

懐かしいお母さんの味の煮物はアンチエイジングの効果があります。

材料
（2人分）

こんにゃく…1枚
ゴボウ…1本
干シイタケ…3枚

A
しょうゆ…大さじ2
砂糖、みりん…大さじ1
和風だし（顆粒）…小さじ1
水（戻し汁を含む）…200cc

作り方

1. 干しシイタケを水で戻し、ごゴボウは乱切り、こんにゃくは2cm角に手でちぎる。
2. 戻したシイタケとAを鍋に入れ沸騰したら、ゴボウ、こんにゃくを入れ煮汁が1/4くらいになるまで煮る。

食生活② 抗酸化

抗酸化物質をとって肌をサビさせない

酸化とは活性酸素の影響で肌が酸化＝サビること。肌がサビると、くすみ、シミ、シワ、たるみなど老化を招きます。ケアの基本は食事。抗酸化作用のあるビタミンA、C、Eにリコピンやカテキン、亜鉛などのミネラル類をバランスよくに取り入れましょう。

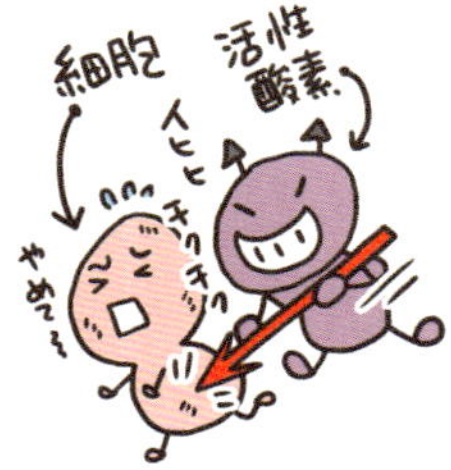

抗酸化を助ける食材

・**ビタミンA**（→P103）

・**ビタミンC**（→P103）

・**ビタミンE**

ウナギ、アボカド、アーモンド、ヘーゼルナッツ、かぼちゃ

・**リコピン**

トマト、スイカ、ピンクグレープフルーツ

・**カテキン**

茶、リンゴ、ブルーベリー

・**亜鉛**

牡蠣、牛肉（赤身）、ラム肉、豚レバー、スルメ

複数食べて効果UP

抗酸化の働きのある栄養素は、活性酸素に対して、チームを組んで相乗効果を高めて戦っています。ですから、単独でとるよりも多くの種類をとることが抗酸化食事のポイントとなります。

抗酸化レシピ① 蒸し野菜の肉みそソース

栄養が水に溶けやすい野菜はレンジでチンして栄養をとじこめましょう。

材料（2人分）

アスパラガス…2本
かぼちゃ…1/8玉
パプリカ…1/2個
豚ひき肉…100g

A
- みそ…大さじ1
- 砂糖…大さじ1/2
- 酒…大さじ2

作り方

1. アスパラは5cm、かぼちゃは4cm角、パプリカはくし切りにして耐熱容器に入れ、大さじ1（分量外）の水を加えレンジで6分加熱する。
2. フライパンに油をひいて、ひき肉を炒め、色が変わったらAを入れて煮つめる。
3. ①を皿に盛って②をかける。

500Wで
6分くらい

抗酸化レシピ② トマトと卵の炒め物

油に溶けるリコピンは、オリーブ油と一緒に料理すると効率よく吸収できます。

材料（2人分）

トマト…2個
卵…2個
オリーブ油…大さじ1
塩、こしょう…少々

作り方

1. トマトを3cm角にざく切りする。卵は溶いておく。
2. フライパンにオリーブ油を熱し、卵を流し入れる。卵がほぼ固まったらトマトを加えて、塩、こしょうで味をととのえる。

卵はふわっと
炒めて
トマトは
後から

食生活③ 抗糖化

肌を焦がす糖化は食事のとり方で予防

糖化とは食事などで過剰にとった糖分が体内のタンパク質と結びついて変性する反応。糖化でできた異常タンパク質（ＡＧＥｓ）は、コラーゲンを壊して肌をたるませたり、肌にたまってくすませたりします。糖化しにくい食事で肌を守りましょう。

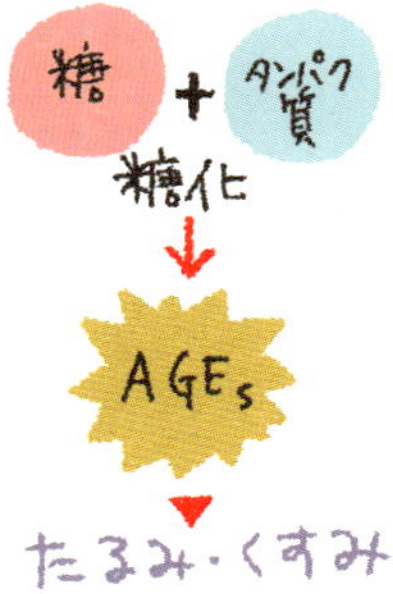
糖
タンパク質
糖化
AGEs
たるみ・くすみ

糖化と肌トラブル

体内のコラーゲンもタンパク質の１種。そのため糖と結びつくと、肌が硬くなって、ハリや弾力が低下します。また、糖化がすすみ、黄褐色のＡＧＥｓが肌にたまると、肌の色が黄ぐすみしていきます。

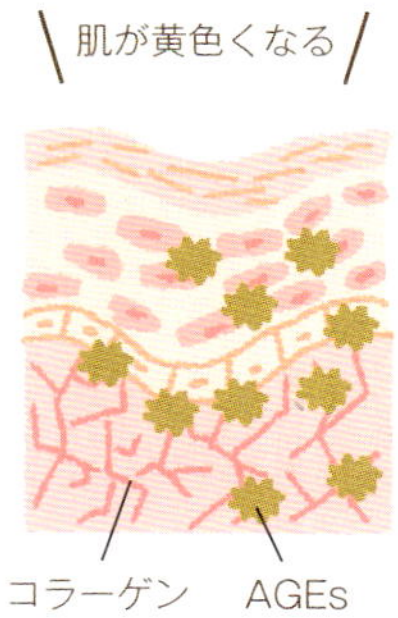
肌が黄色くなる
コラーゲン
AGEs

抗糖化と血糖値

ＡＧＥｓは食後の血糖値が上がると作られます。急激に血糖値を上げる食材を避け、血糖値が上がらない食べ方をすることが抗糖化につながります。

- **低ＧＩ値（→Ｐ１３９）の食品を選ぶ**
- **食べる順番（→Ｐ１３９）に気をつける**
- **食べ合わせで上昇を抑える**
- **食後に運動をする**

などのポイントがあります。

食べる順番と食品で抗糖化！

野菜から食べると血糖値がゆるやかに上昇するのでAGEsの生成が防げます。

食物繊維→タンパク質→
炭水化物の順番で食べる

海藻類

きのこ類

ネバネバ食品

血糖値の上昇を抑える食べ方

炭水化物は糖でできているため、食べると急激に血糖値が上がります。そのため、血糖値の上昇を抑える食物繊維を先に食べましょう。

AGEsを排出する食品

海藻類、きのこ類、納豆や山芋などネバネバした食品はAGEsを吸着して排出します。

低GI値の食材を選ぶ

GI（グリセミック指数）値の低いものを選ぶと急激な血糖値の上昇を抑えられます。

GI値の低い食材	豆類、緑黄色野菜、海藻類、キウイ、リンゴ、精製されていない穀類（玄米、そばなど）、肉、魚、牛乳、卵
GI値の高い食材	精製された白い食べもの（食パン・白米・うどんなど）、白砂糖、チョコレート、甘いお菓子、スイカ、じゃがいも、メロン、アルコール

GI値とは、食後どのくらいの速さで血糖値を上げるのかを数値化したものです。

美腸

腸を元気にして
ツヤ肌を手に入れる

スキンケアに励んでいるのに、肌の状態がイマイチなら、「腸」に原因があるのかも。便秘になると、悪玉菌の出す有害物質が増えて肌が荒れ、美肌に必要なビタミンの吸収も弱まります。食事や習慣で腸内環境を整えましょう。

腸が美肌をつくるのよ

美腸をつくる習慣

腸にいい習慣を身につけて、腸内細菌が働きやすい環境を作りましょう。

- **規則正しい生活**
- **食事に気をつける（→Ｐ１４２）**
- **ゆっくり入浴する**
- **きちんと睡眠をとる**
- **ストレスをためない**
- **こまめに運動する**
- **体を冷やさない（→Ｐ１４４）**
- **排便をスムーズにする（→Ｐ１４４）**
- **腹式呼吸をする（→Ｐ１４５）**

美腸をつくる3つの菌

腸に生息する細菌は大きく分けて、善玉菌・悪玉菌・日和見菌の3つがあります。理想的なバランスは、善玉菌：2割、悪玉菌：1割。日和見菌：7割。このバランスが保たれると、腸の動きがよくなり、肌も健康になります。善玉菌は加齢とともに減っていくので、食事（→Ｐ１４２）などで増やすように心がけましょう。

実年齢より若い？　腸年齢をチェック！

腸年齢とは、腸内細菌のバランスを年齢で表したもの。腸も歳とともに老化します。下の項目がいくつ当てはまるかチェックしましょう。

腸年齢セルフチェック

- □トイレの時間が長い
- □ 便やおならのにおいがくさい
- □ 最近疲れやすくなった
- □ ストレスを感じている
- □ 顔色が悪く、老けて見える
- □ 寝つきが悪く、睡眠不足
- □ 朝食を抜くことが多い
- □ 野菜不足だと思う
- □ 肉料理をよく食べる
- □ スナック菓子が大好き

チェックした数は？

チェックした数をもとに、自分の腸の状態を確認しましょう。

0～3個

腸年齢：実年齢－5歳

腸内環境は良好。今までの生活習慣を守っていきましょう。

4～7個

腸年齢：実年齢＋10歳

今は元気でも、将来腸に不調が生じる可能性もあります。食生活を見直しましょう。

8～10個

腸年齢：実年齢＋15歳

便秘や肌荒れの自覚症状がある人も多いはず。食物繊維の多い食事を心がけて、ウォーキングなど軽い運動を毎日行いましょう。

セルフチェックの項目以外にも、たばこを吸う人、アルコールをよく飲む人も要注意。腸が老化する前に、生活習慣（→P140）を見直しましょう。

美腸をつくる食べもの

腸にいい食品を食べて、腸内細菌が働きやすい環境をつくりましょう。

水溶性食物繊維で便秘解消

お腹のなかでゲル状になる水溶性の食物繊維は、便を柔らかくして便通を促します。

例 海藻類、果物、根菜類など

発酵食品で善玉菌を増やす

善玉菌をサポートする菌を含んだ発酵食品は、毎日とりたい食材。

例 ヨーグルト、チーズ、キムチ、納豆など

セロトニンでストレス解消

ストレスに関連の深い便秘や下痢を解消するために、幸せ物質と呼ばれるセロトニンを増やす食品を食べましょう。

例 牛肉（赤身）、マグロなど

ストレスがたまったら
すき焼き！

セロトニンのもとになるのはトリプトファン、ビタミンB_6、鉄。牛肉（赤身）、マグロにはそれらが全て含まれています。

フルーツとナッツのディップ

乳酸菌たっぷりのクリームチーズと食物繊維が豊富なドライフルーツやナッツ類を一緒に食べて効果UP！

材料
（2人分）

クリームチーズ…100g
クルミ…30g
ドライフルーツ…適宜

パンにのせて
食べてね！

作り方

1. クリームチーズを常温に戻し、柔らかくしたら、細かく刻んだクルミとドライフルーツを混ぜる。

温リンゴのデザート

リンゴは温めることでペクチン（水溶性食物繊維）が増え、整腸効果が高まります。皮はペクチンが豊富なので、丸ごと食べましょう。

材料（1人分）
リンゴ…1個
ハチミツ、シナモン…適宜

1週間続けると
効果を実感できるわよ

作り方

1. リンゴは皮つきのまま6等分し、芯を取り除く。
2. 耐熱皿に並べ、電子レンジで2分加熱。好みでハチミツやシナモンをかけて。

リンゴは加熱すると、甘みが増し、酸味が和らぎます。また、皮まで柔らかくなるので、丸ごと食べやすくなります。

マグロ納豆丼

マグロと発酵食品の納豆を組み合わせるとセロトニンUPに。ダブルで食べて美腸をつくりましょう。

材料（2人分）
マグロ…100g
ひきわり納豆…1パック
ご飯…250g
しょうゆ…小さじ1
わさび…適宜

好みでのりを
トッピング！

作り方

1. マグロをひと口大に切る。
2. ボウルに①としょうゆ、わさびを入れて軽く混ぜ、ひきわり納豆と一緒に丼に盛ったご飯にのせる。

冷えをとって、美腸になる

体が冷えると腸の働きが悪くなり、善玉菌の動きもダウン。温める習慣をつけましょう。

冷えると自律神経の
バランスが崩れ、
便秘になりやすい

ショウガは
血流アップに
あったまる♡
しょうが湯

夏場のクーラーに注意

善玉菌は温度が低いと動きが弱まる性質があります。膝掛けを使ったり、靴下や腹巻きをつけるのも効果的。

体を温めるドリンクを飲む

冷たい飲み物は避け、ショウガ湯など、体を温める効果のある飲み物を選びましょう。朝一番で白湯を飲むのもおすすめ。

便をスムーズに出すポーズ

排便をスムーズにするポーズを覚えて、たまっているものをスッキリ押し出しましょう。

「考える人」のポーズでスッキリ！

排便時、軽く前傾することで、直腸と肛門の角度が開き、便がスムーズに出るようになります。さらに体をねじると効果がアップ。

かかとを浮かせるのも
ポイント！

腸を動かす腹式呼吸

腹式呼吸をすることで、腸の働きがアップ。普段の生活でも腹式呼吸を心がけましょう。寝る前に行うのもおすすめ。

❶ 背筋を伸ばしてイスに座り、お腹に手をあて、5 秒かけて鼻からゆっくり息を吸い込む。

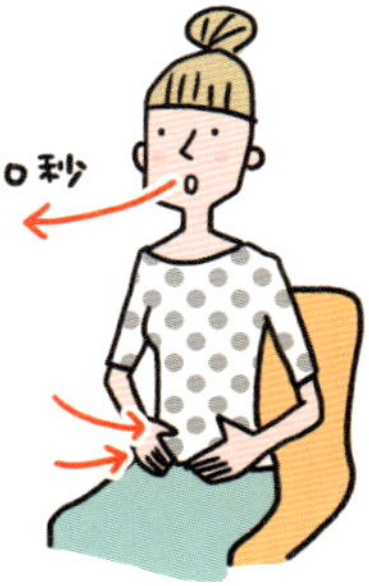

❷ 口をすぼめ、10 秒くらいかけて、細くゆっくりと息を吐く。

ストレスに効くストレッチ

ストレスでこわばった体をストレッチでほぐしましょう。パソコン作業の合間に行えば体のコリもほぐれます。

❶ 浅めにイスに座り、腰の幅に足を開く。

❷ 指先を体に向けて両手をひざの上に置き、腕の前側を伸ばす。

入浴

バスタイムはリラクゼーションの時間

お風呂は、体や髪を清潔にするだけでなく、心身ともにくつろぐのも目的です。入る時は温度に注意。42度以上の熱いお湯に浸かると肌に必要な皮脂が奪われ、乾燥しやすくなります。美肌のためには、38度前後のぬるめのお湯に浸かるのがおすすめ。

入浴は就寝の20分前に

湯船に浸かると水圧がかかり、体温も上がるため、血液やリンパの流れがよくなり、肌のターンオーバーを促進します。また、いったん上がった体温が下がると眠気を誘うので、寝る20分前に入浴を済ませると、自然に寝つきがよくなります。夏場でもなるべくシャワーで済ますのでなく湯船に浸かるようにしましょう。

鏡で全身をチェック

お風呂は自分の体を見つめるのに最適な場所。鏡で全身を見ながら、変化を確認しましょう。ムダ毛やひじ、ひざ、かかとの角質をチェックし、必要があれば除毛やスクラブやパックでケアをしましょう（→P176〜）。

美肌をつくる入浴法

お風呂はエステタイム。順序よく肌ケアをしていきましょう。

入浴後は乾燥するから
すぐに保湿！

1. 湯船に浸かる前にメイクを落とす。
2. ぬるめの湯にゆったり浸かる。
3. 髪と体を洗う（髪→P180、体→P174）。
4. もう1度湯に浸かる。ストレッチやマッサージを行うと効果的。

肌のうるおいを守るには長湯は禁物。38度前後のお湯で、10分から長くても20分くらいが目安。

ハーブバスソルトのつくり方

塩を入れたお風呂は、末梢《まっしょう》神経の血流がアップし体を芯から温めます。

材料（2回分）
天然塩…50g
アロマオイル（ローズ）…3滴
ドライハーブ（ローズ）…小さじ1

作り方
1. 陶器の器やガラスビンに天然塩を入れアロマオイルをたらし、スプーンでよく混ぜたら、ドライハーブを加える。

ポ
ポ
ラベンダーやゼラニウムもおすすめ

全自動給湯器など、バスソルトの使えない場合もあるので、使用機種の説明書を確認してから使いましょう。

睡眠

寝ているだけで美肌になれる！

寝ている間は血流量が増え、全身に血液が巡ります。血液にのって成長ホルモンが体の隅々まで行き渡り、肌を含む全身のメンテナンスが行われます。美しい肌をつくるには、睡眠が不可欠なのです。

寝ると疲れがとれるように、肌も睡眠で回復します

美肌をつくる睡眠

新しい細胞をつくったり、傷ついた細胞を修復するのが成長ホルモン。この成長ホルモンは、眠りについてから3時間後に多く分泌されます。午後10時から午前2時が肌のゴールデンタイムといわれますが、大切なのは時間よりも睡眠の質。入眠3時間後に熟睡できているかが、美肌づくりのポイントになります。そのために熟睡するための習慣を身につけ環境を整えましょう。

睡眠のカギはセロトニン

快眠に欠かせないのが夜に分泌されるメラトニンというホルモン。このメラトニンを出すために必要なのが昼間分泌されるセロトニンというホルモン。日中、セロトニンを増やすように心がける（↓Ｐ１４９）と睡眠の質が上がります。

セロトニンを増やせば夜もぐっすり

快眠をつくる習慣

セロトニンは太陽光に反応して分泌しますが、それだけでは足りません。食事や運動で効率よく増やしましょう。

朝日に当たるだけでも
セロトニンアップに
おはよー♪
ナッツ入り
シリアル
豆乳

朝食にトリプトファン

起きたらすぐに、朝日を浴び、セロトニンを増やす食品（大豆製品、ナッツ類、バナナ）を食べましょう。

リズミカルな運動なら
なんでもOK！

リズム運動で分泌

セロトニンはリズムよく体を動かすと効率的に増えます。充分な量を分泌するには、15分以上続けましょう。

成長ホルモン効果を発揮する秘訣

睡眠中は、レム睡眠（浅い眠り）とノンレム睡眠（深い眠り）が90分ごとに繰り返されています。成長ホルモンが多く分泌される1回目のノンレム睡眠時（就寝後90～180分）に熟睡するのが大切。食事をとってすぐは、熟睡できないため、睡眠の3時間前には、食事を済ませるようにしましょう。

1時に寝る場合
夕食は10時までに

快眠のためのストレッチ

寝る前の１分間でできるお手軽ストレッチ。

❶ バスタオルを丸めて、背中の下に入れ、その上に仰向けになり、両腕を30回まわす。

❷ 枕とバスタオルを外し、腹式呼吸を10回する。

リラックスするだけでなく、肩や背中のコリも解消できます。

不眠は寝る直前のこれが原因？

・スマホやテレビ

スマートフォンやテレビの画面に使われているブルーライトがメラトニンを減らし、睡眠の質を下げます。寝る1時間前はオフに。

・カフェインをとる

コーヒーや紅茶に含まれるカフェインやたばこのニコチンには覚醒作用があるため、寝る前にとると眠りを妨げます。

心地よく眠るための5つのアイデア

寝つきが悪いのは、寝るための環境が整っていないのが原因の場合も。寝室の環境や寝る前の行動を見直しましょう。

枕　壁を背に自然に立った状態で、壁から首の間の長さが、枕の高さの目安です。

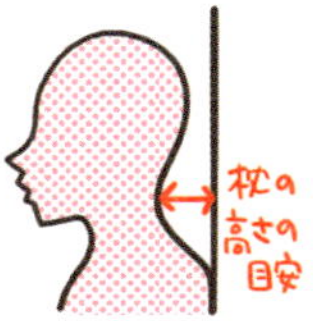

合わない枕は睡眠の質を下げます

アロマ　安眠効果があるラベンダーなど、アロマやお香を炊いて、心地よい空間をつくりましょう。

照明　眠る1時間前には灯りを消しましょう。睡眠を促すメラトニンは暗くなると分泌量が増えます。

シーツ類　寝具は週に1度、洗濯をしましょう。睡眠時は汗をかくため、吸湿性のよい、コットンやシルクの素材がおすすめ。

パジャマ　体を締め付けないもの、寝返りしても苦しくないゆったりとしたものを選んで。

運動

運動不足は肌トラブルの原因

美肌になるには、まず健康でなければなりません。そのためには栄養・睡眠・運動が不可欠。運動は後回しになりがちですが、運動不足になると血行が悪くなって顔色が悪くなり、ストレスがたまって、肌荒れの原因にもなります。日常生活にこまめな運動を取り入れましょう。

運動で美肌をつくる

運動をすると美肌をつくるホルモンの働きが活発になります。

・成長ホルモン

肌のターンオーバーが活発になり、老化を防止します。

・セロトニン

睡眠（→Ｐ１４８）に関係するだけでなく、精神を安定させ、ストレスによる大人ニキビを改善します。

運動を習慣にするコツ

軽い運動を習慣づけることで、代謝がよくなり、健康な肌をつくることができます。特に、ウォーキングは、下半身の筋肉量が増え、血行促進につながります。毎朝15～20分早く起きて、歩く習慣を身につけましょう。

正しいウォーキングの方法

正しい姿勢で歩くと効果がUP。大股で歩くほど筋肉がつくので、代謝が上がりやすくなります。

前を向く
腕を大きく振る
背筋を伸ばす
少し早歩きで
歩幅を広く
着地は
かかとから

少し息が上がるくらいの速さで歩くのがおすすめ。まずは、20分程度のウォーキングを週2回のペースで始めてみましょう。

血行がよくなる運動

ウォーキング以外にも、美肌に効果的な運動があります。

水泳　水圧で血液の循環がよくなるので血行UPに効果的。また、息継ぎで大きな呼吸を繰り返すので、血液を送り出す心肺機能も高まります。

ジョギング　歩くよりも短い時間で血行がよくなります。10分走って、1分歩くなど、インターバルをとりながら走るのがおすすめ。

MIKI
水泳は足腰の
負担が少ない
ザパッ
あっ！ステキ男子！

オフィスでできるながら運動

デスクワークの時間を利用した「ながら運動」で、血行促進！

作業の合間に上体ひねり

デスクワークをしながら、上半身をストレッチしましょう。お腹の筋肉を伸ばし、内臓の動きを活性化するので、便秘の人にもおすすめ。

1. イスに浅く座り、イスを回して左へ 90 度回転させる。上半身はデスクに向かってひねり、キーボードに手を置いて 60 秒キープ。
2. 反対側に回転させ、同じようにひねる。左右 2 回で 1 セットを 5 回行う。

お腹を凹ませて
背筋を伸ばして

デスクの下で足の押し合い運動

デスクワーク中に足のエクササイズ！　太ももの筋肉を鍛える運動なので、下半身の血行がよくなります。

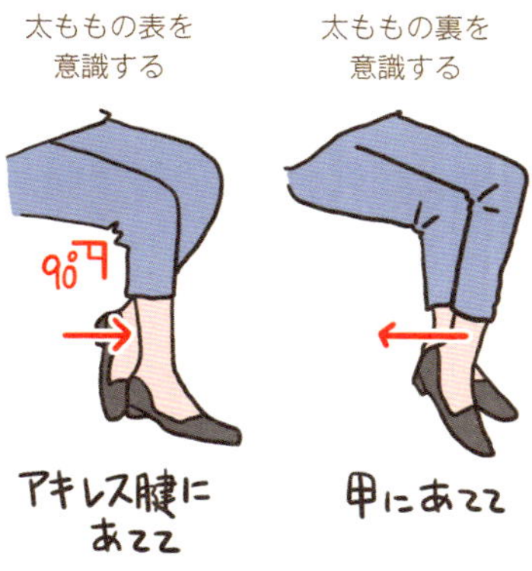
太ももの表を意識する
90°
アキレス腱にあてて
太ももの裏を意識する
甲にあてて

1. 右足を 90 度に曲げて固定する。左足を右足のアキレス腱にあて、力を入れて押す。次は右足の甲にあてて押す。
2. 軸を左足にして同じように行う。1 つの動きを 10 秒ずつ、1 日 3 セットが目安。

家でできるながら運動

家のなかでも、ちょっとした時間を見つけたらエクササイズ！

テレビを見ながら腹筋

テレビを見ながら楽しく、腹筋エクササイズ。腹筋に効いていることを感じながら行いましょう。

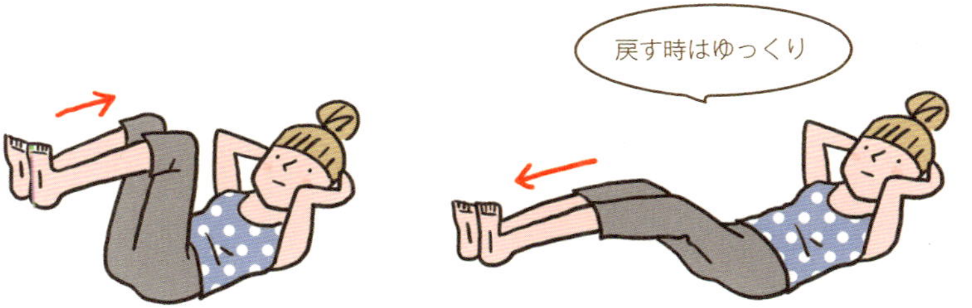

1. 仰向けになり、手を耳の横に添える。あごを引いて、両足を浮かせ、胸に引き寄せる。
2. 両足を床上 10cm まで戻す。この動作を 10 回 1 セットとして、3 セット行うのが目安。

1セット終えたらつま先を立て、ふくらはぎを伸ばしましょう

キッチンでかかとの上げ下げ

ふくらはぎの筋肉を刺激して血行促進！　1日に3セットが目安です。

1. 背筋を伸ばし、お腹に力を入れ、足を軽く開いて立つ。この姿勢でかかとの上げ下げを 1 秒に 1 回のペースで 20 回繰り返す。

朝のお目覚めストレッチ

朝起きてすぐ、ベッドのなかでできる体を目覚めさせるストレッチ。

❶ 仰向けの状態で右手を上に、右足を下に伸ばす。反対側も同じように伸ばす。

❷ 右手を上に、左足を下に伸ばす。反対側も同じように伸ばす。

❸ 両手を上へ、両足を下へ同時に伸ばす。

各動作は、特に時間を設定せず、気持ちいいと感じる長さで行います。

リラックスできる朝ヨガ

ヨガ初心者でもトライしやすい、ヨガ風のストレッチ。

❶ 正座をして、背筋を伸ばす。

❷ 腕を上げ、耳の横につけた状態で、上半身をゆっくり前に倒し、手のひらを床につける。

のんびり入浴、ゆったりした音楽を聴く、ハーブティーを飲むなど、自分なりの方法で目覚めを促しましょう。

バスタブタッチの上半身ストレッチ

お風呂でストレッチをする習慣をつくりましょう。

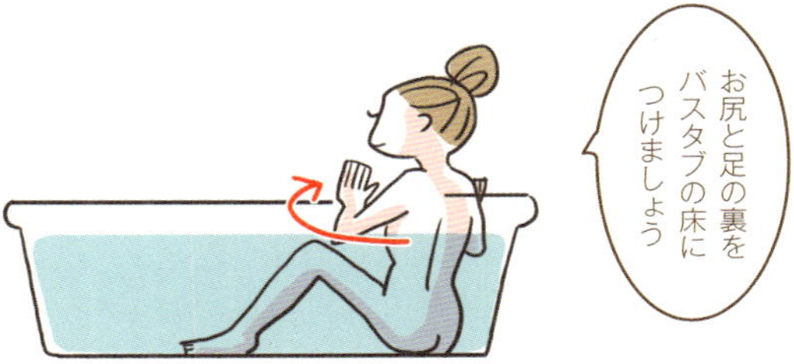
お尻と足の裏を
バスタブの床に
つけましょう

1. ひざを曲げて座り、ゆっくりと上半身をひねって、バスタブの側面にタッチして 15 秒キープする。
2. ゆっくり正面に戻り、反対側も同じようにひねる。交互に3回行う。

お風呂のなかでストレッチをすると血流がよくなり、代謝もアップします。

寝る前のもも＆お尻ストレッチ

ゆっくり呼吸をしながら、行いましょう。

1. 仰向けになり左足を両手で抱えて、胸に引き寄せる。
2. 左足を右手で押さえながら、右へ倒す。この時、顔は左へ倒す。反対側も同じように行う。

顔は倒した足と反対側へ向ける

胸に引き寄せる位置は、自分が気持ちいいと感じるところで OK。

○△商事
腸マッサージを始めてから調子いいんです
私も運動続けて肌の調子もよくなったわ
キャッキャッ
このへんスッキリしたし♪
ジャー
私はダメ～
ダン!!
大丈夫!?
やきとり
OSHARE
何があったの？
すみません心配をかけて

月経前はいつもこうなんです
次は何を食べようかな
先輩たちはないですか？
MENU
私はモーレツに眠くなる
ニキビや肌荒れもひどくなる気がします
パクパク
何だかイライラする
不思議よね
うんうん
あの人に聞いてみよう
CLINIC
Coffee
月経と肌荒れが関係あるかって？
もちろんあるわよ！

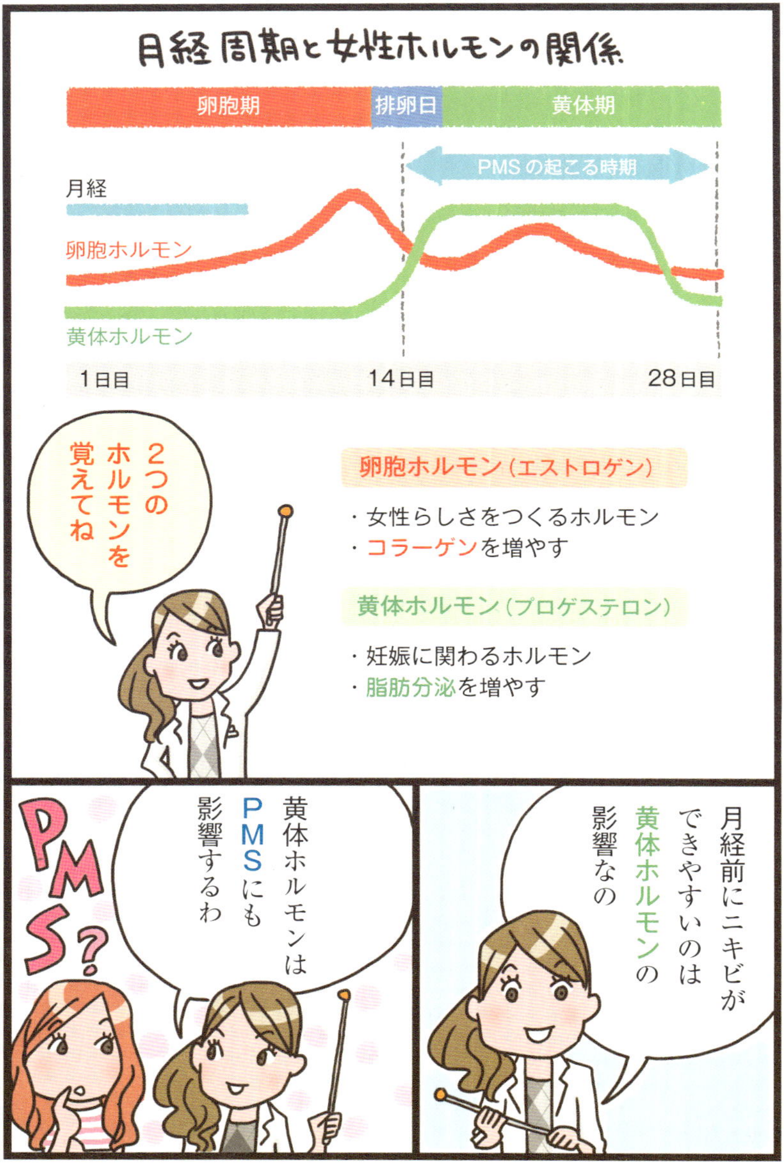
月経周期と女性ホルモンの関係
卵胞期
排卵日
黄体期
PMSの起こる時期
月経
卵胞ホルモン
黄体ホルモン
1日目
14日目
28日目
2つのホルモンを覚えてね
卵胞ホルモン（エストロゲン）
・女性らしさをつくるホルモン
・コラーゲンを増やす
黄体ホルモン（プロゲステロン）
・妊娠に関わるホルモン
・脂肪分泌を増やす
月経前にニキビができやすいのは黄体ホルモンの影響なの
黄体ホルモンはPMSにも影響するわ
PMS?

月経が始まる前のカラダの不調のことよ
こんな症状が出ます
PMSの主な症状
・イライラする
・胸が張る
・腹痛
・眠気
・肌荒れ
・憂鬱　etc
この時期は紫外線の影響を受けやすいの
UVケアは念入りに
バッ
基礎体温をつけると不調期（PMS期）も予測がつくの
PMSの対処法
・適度な運動
・質のよい睡眠
・リフレッシュを心がける
・ゆったり過ごす
卵胞期
排卵日
黄体期
PMSの起こる時期
月経
高温期
高温期になったらPMSのサイン
低温期
1日目
14日目
28日目
あっ！高温期に入った
イエーイ
カラオケ
PMS対策で
リフレッシュ
歌いますよ！
アー ユー レディー？

月経

月経の周期に合わせたスキンケアで美肌に

女性の体や肌は、2種類の女性ホルモンの働きに大きく左右されます（↓P160）。排卵後に分泌が増える黄体ホルモンの影響で、月経1週間前は肌のバリア機能が低下し、肌トラブルが増えます。一方、月経後1週間は卵胞ホルモンの影響で肌の調子がよい時期。美肌を保つには、女性ホルモンの状態に合わせたケアが必要です。

守りの週、攻めの週

・守りのケア／月経前1週間

肌のバリア機能が低下し、肌トラブルが起きやすいので、保湿を中心にシンプルなスキンケアを心がけて。また、シミができやすい時期なので、紫外線ケアも念入りに。

・攻めのケア／排卵前1週間

肌の調子がよい時期なので、トラブルも起きにくい。新しい化粧品を試したり、むだ毛処理、ピーリングをするのにおすすめです。

PMSを和らげる方法

月経の始まる3〜14日前から繰り返し表れる不快症状をPMS（月経前症候群）といいます。基礎体温をつけると、症状の出る時期が前もってわかります（↓P161）。この時期はゆったりと過ごすよう計画を立てておくといいでしょう。症状がひどく、日常生活に支障をきたす場合は、婦人科を受診しましょう。

ホルモンUP！ スムージー

PMSに陥りやすい月経前1週間に飲みたい美肌ドリンク。

材料（2人分）

バナナ…1本
豆乳…300cc
ナッツ類…適宜

作り方

❶ 材料をすべてミキサーに入れて、なめらかになるまで混ぜる。

忙しい朝でも簡単にでつくれる！
豆乳

バナナや豆乳、ナッツ類は、精神を安定させてくれるセロトニンのもとになるトリプトファンが豊富。月経前のイライラを鎮めるので積極的にとりましょう。

基礎体温の計り方

体温計を枕元に置くなど、続けるための工夫もしましょう。

・婦人体温計を使う

普通の体温計よりも単位が細かく、小さな差も把握できます。体温計本体に数値を記録できるものもあります。

・朝起きてすぐ計る

起きてすぐ、活動する前の状態で測定します。なるべく同じ時間に計るとブレが少なくなります。

・正しい位置で計る

体温計の先を舌の裏側にある筋のすぐ脇にあてます。外気の影響を受けないよう口を閉じましょう。

舌のうら側
中央のすじ

ストレス

人間関係や仕事……ストレスは肌荒れのもと

ストレスにより発生する活性酸素と自律神経（交感神経と副交感神経がある）の乱れが原因で肌荒れや胃腸のトラブルにつながることもあります。美肌と健康のためにも、様々な方法でストレスを解消しましょう。

ストレスチェック！

チェックした項目が多いとストレスがたまっている可能性大。

- □肩や首がいつもこっている
- □寝ても疲れがとれない
- □食欲がない
- □便秘と下痢を繰り返す
- □やる気が出ない
- □怒りっぽくなった
- □人に会いたくない
- □緊張やあせりを感じる
- □几帳面なほうだ
- □頑固で融通がきかないほうだ

ストレスと自律神経

自律神経は、呼吸や心臓の動き、消化などの活動を調整するために動く神経。体の活動を活発にする交感神経と、安静にする副交感神経があり、2つのバランスが崩れると、心も体も不調になります。改善するには、交感神経の緊張を解くためにリラックスする時間をつくることと、深呼吸やぬるめのお風呂に浸かるなど、副交感神経を刺激することが必要です。

6つのストレス予防＆解消法

日常でできる方法でストレスから体を守りましょう。

定期的に運動をする

定期的に運動を行うと、満足感や達成感が得られ気持ちが前向きに。また運動後はよく眠れるというメリットもあります。

リラックス法を見つける

ゆったりした音楽を聴いたり、ぬるめのお風呂に入ったり、アロマの香りを楽しんだり。自分をいたわる時間をつくりましょう。

悩みを抱え込まない

悩みごとは抱え込まず、誰かに相談してみましょう。解決策が見つからなくても、人に話すことで気持ちが楽になるものです。

睡眠時間を十分とる

睡眠不足は大きなストレス。そのうえ、ストレスで自律神経が乱れると不眠に。美肌のためにも睡眠時間を確保しましょう。

食事を充実させる

好きなものを食べたいだけ……ではなく、1日3回の食事を楽しく味わってストレスを解消！

カルシウムを積極的にとる

カルシウムには、神経の緊張を鎮め、イライラを抑える効果があります。牛乳などの乳製品や小魚を積極的に食べましょう。

カフェインは交感神経を緊張させリラックスを妨げるので控えましょう。

季節に合わせたスキンケア

季節によって紫外線量や気温、湿度が変わるため、肌を守るには、環境に合わせたケアが必要です。

春はいたわりケア

気温の差が激しく、しかも花粉や黄砂によって肌が敏感になりがち。いつもより洗顔＋保湿に重点を置いたケアをしましょう。

紫外線　春先から紫外線量が増えるのでケアは念入りに。この時期から美白ケアを始めれば、冬に減ったメラニンを増やすことなく白い肌を保てます。

洗顔で
大気の汚れをオフ！
花粉
黄砂

ベタつく夏も
保湿はしっかり！

夏はインナードライに注意

皮脂や汗が増えてベタつく季節ですが、紫外線や冷房の影響で肌の内部は乾燥しています。.ベタつくからといってうるおいケアを怠らないように。

紫外線　夏の紫外線量は冬の２倍といわれています。ですから、特に念入りな紫外線ケアが必要。日傘や帽子、手袋なども活用しましょう。

秋はダメージをリカバー

夏の紫外線によるダメージカバーや冬に向けての保湿ケアを。ちょっとしたシミやくすみは、美白化粧品で根気よくケアすれば、リカバーできます。

紫外線　夏と比べ紫外線の量が減るとはいえ油断は禁物。特に、秋の行楽で出かける際は念入りにケアをしましょう。

紫外線ケアを
忘れずに

肌にイチバン
厳しい季節

冬は乾燥から肌を守る

肌の大敵「乾燥と冷え」が最も厳しい季節。美容液やクリームなどで肌の保湿ケアをするだけでなく、体を冷やさない工夫も必要。

紫外線　紫外線の量は少ないとはいえ、なくなるわけではありません。乾燥しがちな冬は保湿とセットで紫外線ケアを。

季節の変わり目は……

肌の免疫力が落ちやすい時期。刺激の強い化粧品を使うのをやめて、シンプルなケアで肌を守りましょう。

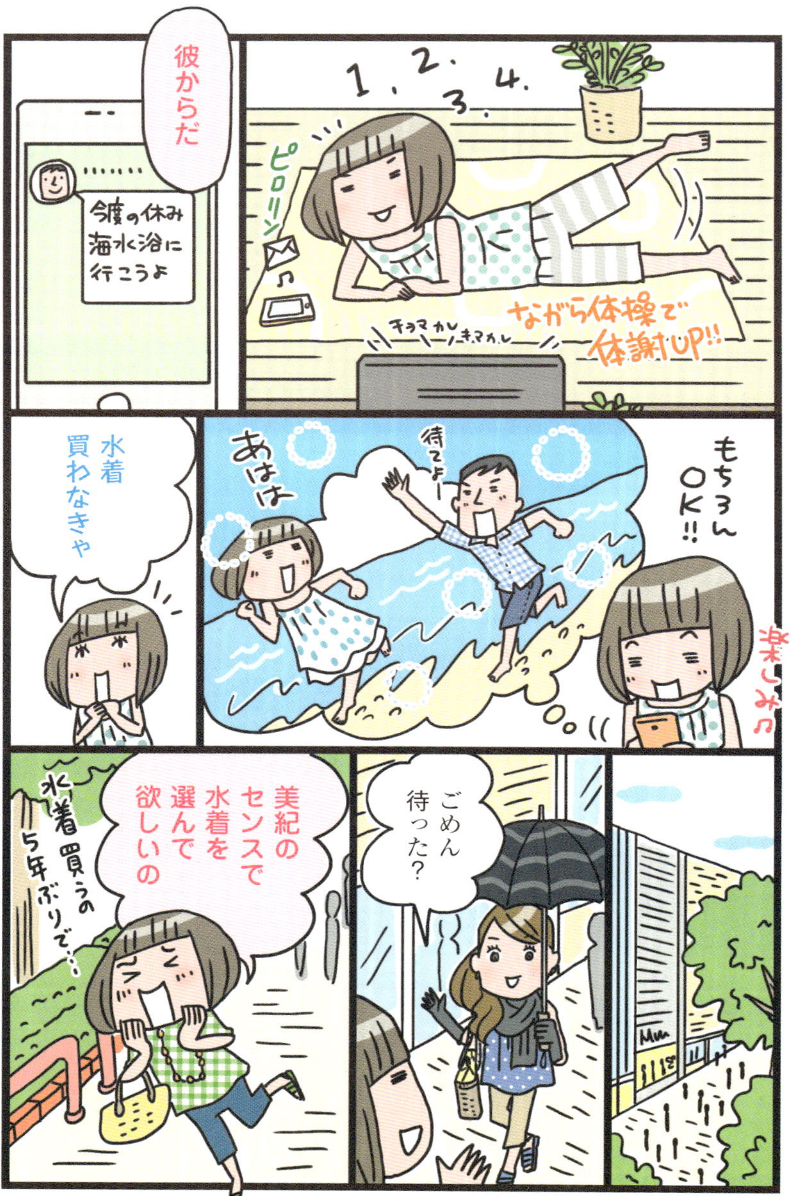
1, 2, 3, 4.
ピロリン
チョマカレ
キマカレ
ながら体操で体謝UP!!
彼からだ
今度の休み海水浴に行こうよ
もちろんOK!!
楽しみ♪
あはは
待てよー
水着買わなきゃ
ごめん待った?
美紀のセンスで水着を選んで欲しいの
水着買うの5年ぶりで…

むふふ♡
ビキニ
チューブトップ
迷っちゃう〜
やっぱセクシー系っ。
コレなんかどうかしら?
フリルとスカートで
体型カバー
やっぱこーゆーのだね
はーい
うふふ
シャー
じゃーん
どうかな似合ってる?
どうって……
腕
ふさふさ
足
ガサガサ
背中ニキビ
行くわよ〜
えー!?

ドラッグストア
どうしたの?
コレとコレと
水着より前にムダ毛処理よ!!
スミマセン…
めぐに必要なのは
ガサゴソ
ガサゴソ
安全カミソリ
毛抜きやテープ、ワックスは肌を傷つけるからカミソリの方が安心
NG
テープ
ワックス
毛抜き
T字のカミソリは扱いやすくてめぐにぴったり

背中に小さいニキビができてたの気がついてた？
ガーン
ショック!!
知らなかった
背中は皮脂が多い場所でニキビができやすいのよ
ほえ〜
普段はどう洗っているの？
ボディソープをナイロンタオルでゴシゴシ
ゴシゴシゴシ
ボディソープ
ボディソープは界面活性剤が多いし、ナイロンタオルは肌を傷つけるわ
NO
固形石けんはほどよい洗浄力で肌にやさしいの
泡立てて手か綿のタオルでやさしく洗うのよ
SOAP

肌にやさしい♡除毛法

①石けんで洗って
肌を清潔にする

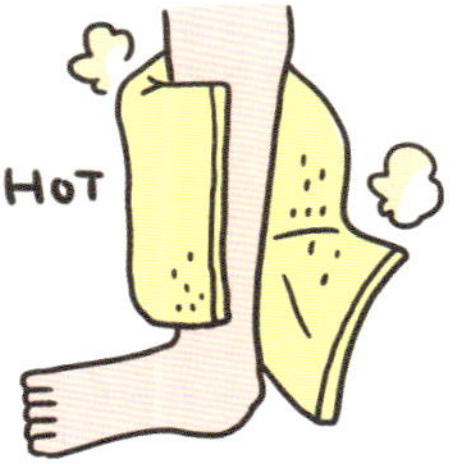

②肌を温める

③石けんや乳液を塗る
④毛が生えている向きと同じ方向で剃る
⑤処理後はよく冷やす

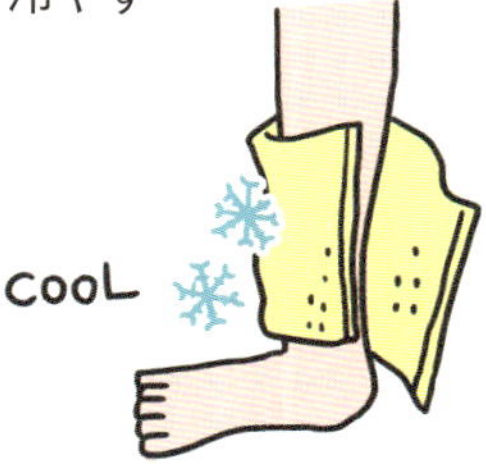

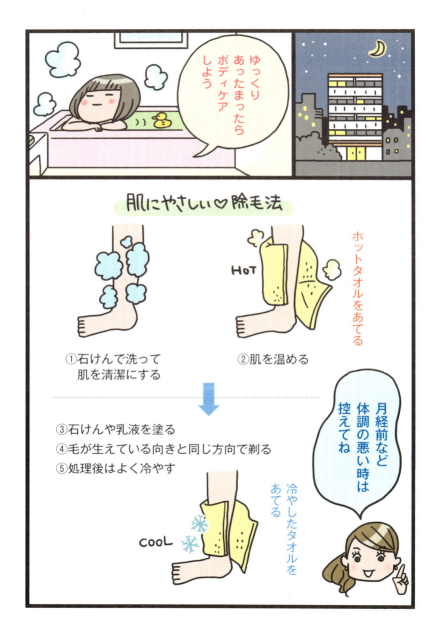

仕上げはクリームで保湿する
肌も明るくなったわ
クリーム
ひじ、ひざ、かかとのケアもしなくちゃ
入浴中にケアしてお風呂上がりにクリームを塗るの
ひじ・ひざ・かかとの角質ケア
かかとに軽く石けんを塗り、軽石で円を描くようにこする
ボディスクラブでやさしくマッサージ
クリーム
尿素入りクリームで保湿
そして…海
キャッ
キャッ
キャッ
ありがと♡
めぐ!! よくやった!!
めぐみさんキレイだなぁ

ボディケア

カサカサ肌の原因はボディの洗いすぎ！

洗いすぎが原因で肌トラブルが起きるのは、顔だけでなく、体も同じ。力まかせにゴシゴシ洗ったり、洗浄力の高いボディーソープを使ったりすると、必要な皮脂まで落としてしまうので、石けんの泡でやさしく汚れを落としましょう。

粉ふき肌の原因は洗いすぎ？

ボディは手で洗う

ボディはナイロンタオルでゴシゴシ洗うと、必要な皮脂まで落としてしまいます。美肌のためには、固形石けんを手で泡立て、泡でなでるようにして洗いましょう。手が届かない背中は、綿のタオルを使います。

ボディソープの注意点

ボディソープは、洗浄力が高いので、使いすぎると必要な皮脂を奪い、乾燥の原因に。固形石けんがおすすめですが、ボディーソープを使うなら、2～3プッシュが適量。入浴後、肌にカサつきを感じたら、ボディミルクやクリームで油分を補いましょう。

洗い忘れ、流し忘れに注意

上から順に洗い、流し残しのないようにします。

洗い忘れやすい場所

耳は皮脂量が多く、皮膚炎になりやすい場所。石けんをつけて洗い、水が入らないように手で耳をふさいで流します。

流し忘れやすい場所

首や背中は、石けんが残りやすい場所なので、必ず手を添えて、石けんが残っていないか確かめながら流しましょう。

シャワーをかけるだけでなく手を添えて流しましょう

ボディのニキビのお手入れ法

背中や胸など、皮脂分泌の多い部位はニキビができやすいところ。ケアの基本は顔と同じ。ひどい時は皮膚科へ行きましょう。

ゴシゴシ洗いはNG！

ニキビの部分をゴシゴシ洗うと炎症を起こし、ひどいと色素沈着することも。手でやさしく洗いましょう。

インナーを綿素材にする

肌に触れるインナーが原因でニキビが悪化することも。通気性がよく、肌ざわりのいい綿素材のインナーを選びましょう。

しっかり洗ってニオイを予防

雑菌が繁殖しやすい足。角質がたまらないようにお手入れしましょう。

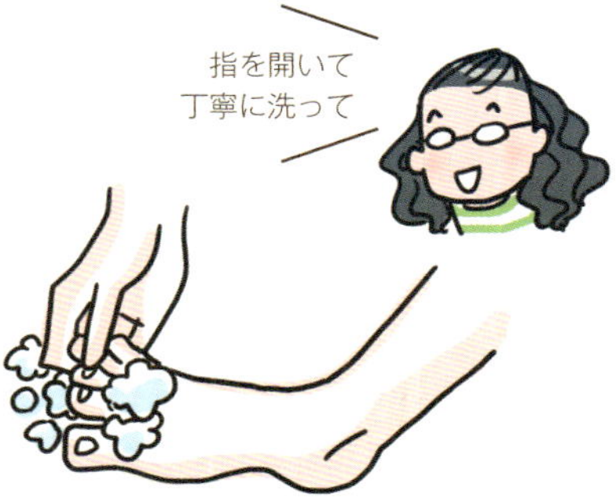
指を開いて
丁寧に洗って

足の指、爪もしっかり洗う

お湯で汚れを落としたら、石けんを泡立てて足の指とまたを１本ずつ洗いましょう。爪のなかは汚れが落ちにくいのでブラシを使います。

洗った後は清潔なタオルで水分をしっかり拭き取りましょう。

かかとの角質ケア

週に１回のお手入れでガサガサかかとを解消。

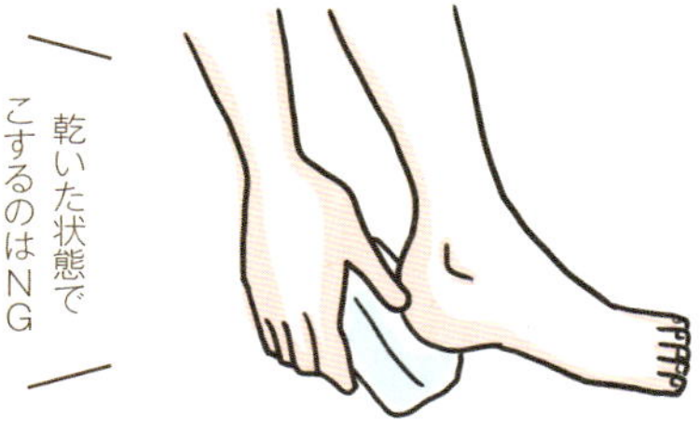
乾いた状態で
こするのはＮＧ

1. 湯船に浸かって角質をやわらかくする。
2. かかとに石けんを塗り、軽石で円を描くように軽くこする。
3. 入浴後は水気を拭いて、クリームを塗る。

仕上げのクリームは、尿素入りがおすすめ。保湿効果が高く、角質が厚くなるのを防いでくれます。

シュガースクラブでひじ、ひざのお手入れ

保湿効果のある砂糖でつくるシュガースクラブで角質ケアしましょう。

材料（1回分）

ブラウンシュガー…大さじ4
オリーブ油…大さじ1
ハチミツ…小さじ1
アロマオイル…適宜（あれば）

作り方

❶ ブラウンシュガーにオリーブ油を加えよく混ぜる。好みでアロマオイルを加える。

❷ ①にハチミツを加え、混ぜ合わせる。

お風呂で角質をやわらかくしてから、シュガースクラブでひじやひざををマッサージして洗い流します。

年齢が出やすい手はマッサージでケア

女性は、食器洗いや洗濯など家事で手が荒れがち。ハンドクリームを塗る時に軽くマッサージすると血行がよくなります。

1本1本丁寧にマッサージする

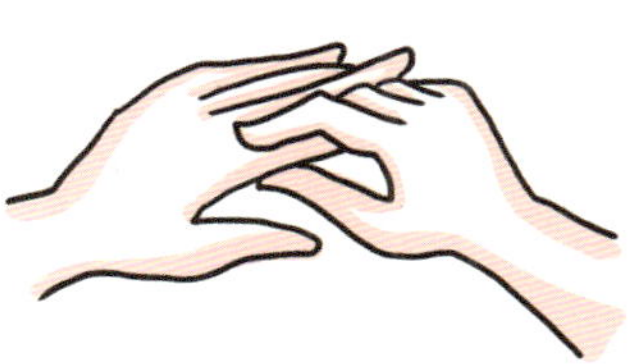

❶ ハンドクリームを手のひらに伸ばして、指にすり込むようにマッサージする。

❷ 親指と人差し指の付け根をつまみ、気持ちいいと感じる場所を押して、手のひら全体をもみほぐす。

食器用洗剤は洗浄力が非常に強いので、ゴム手袋などをつけ、洗い終わったら必ずクリームを塗りましょう。

むだ毛処理

正しい処理法で肌ダメージを最小限に

肌を露出するシーズンになると気になるのが、腕や足のむだ毛。間違った処理をすると肌トラブルを引き起こすことも。カミソリや毛抜き、ワックスなど色々な除毛の長所と短所を知って、無理のない方法を選びましょう。

肌にやさしい除毛で
ツルスベ肌に！

毛を抜くのはNG

むだ毛を抜くのはできるだけ避けましょう。毛根は皮膚とつながっているため、毛を抜くと、皮膚の一部を傷つけ、毛穴の奥で内出血が起こります。それにより、炎症を起こして化膿したり、色素沈着を起こすこともあるので、注意が必要です。

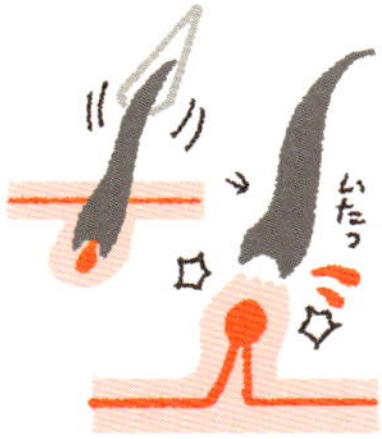

毛を抜くことは
細胞を破壊すること

むだ毛処理のトラブル

自宅でのむだ毛処理による主な肌トラブルは次のようなものが挙げられます。

- **肌がブツブツになる**
- **毛穴から菌が入って化膿する**
- **埋没毛（皮膚のなかで毛が育ってしまう状態）になる**
- **かぶれたり、赤く腫れる**

肌が敏感な人は、剃るタイプの除毛でも肌トラブルが起きやすいので、皮膚科医に相談しましょう。

色々な除毛法の長所と短所

むだ毛の処理方法は色々。おすすめは、電気シェーバーや安全カミソリなどの剃るタイプです。

毛抜き	毛抜きで1本ずつ抜く方法は、手間がかかるうえにトラブルも多い。抜き続けると皮膚が硬くなる。埋没毛ができることも。
脱毛テープ	粘着力のあるテープを貼って、はがし取る。1度にたくさん抜ける手軽さがあるが、角質を一緒にはがしてしまうことも多いので、肌が弱い人には不向き。
ワックス	温めたワックス（パラフィンやミツロウ）を皮膚に塗り、冷めて固まったらはがす。皮膚が温められるので、毛抜きやテープに比べて若干負担は少ない。
家庭用脱毛器	光照射によって脱毛を促すもの。クリニックほどの効果は見込めず、照射回数が多いなど手間がかかる場合もある。
電気シェーバー	肌に刃が直接当たらない設計で、カミソリ負けや肌荒れの心配が少なく、肌当たりがやさしいのが特徴。カミソリよりも浅剃りなので残った毛が目立ちやすい。
安全カミソリ	T字の安全カミソリは、自分で細かい加減をしやすいのが特徴。ただし、剃った後に肌が乾燥してかゆくなることもある。

むだ毛処理の注意点

肌を温めてから行い、除毛後は冷やしてから保湿します。

肌をいたわりながら処理して

どんな器具を使う時も、除毛はP172の方法で行います。基本は体が温まっている入浴後に行って、処理後は冷やしたタオルなどでクールダウンし、乳液やクリームで保湿します。

ヘアケア

さらツヤ髪は正しいヘアケアから

肌と同じように、髪の毛も日頃のお手入れ次第。正しいケアを続ければ、毛先までパサつかずツヤのある美しい髪が維持できます。また、ヘアケアと同様に頭皮のケアを行うことで、根本から健康な髪を育てることができます。

ドライヤーの使い方

切れ毛や枝毛は、ドライヤーの熱が原因となることも。洗髪後は、タオルで濡れた髪を挟んで水分を抜き、髪をかき分けて、頭皮に風をあてるようにして乾かします。頭皮からドライヤーまでは20センチ程度離し、同じところにばかりではなく、ドライヤーを揺らしながら、風をあてましょう。髪が乾いたら、ブラシで髪の毛を整えます。

フケはトラブルの警告

頭皮は皮脂腺が額の2倍あり、顔よりも皮脂トラブルが起こりやすい部分です。皮脂によって皮膚がかぶれる、脂漏性皮膚炎を起こすこともあります。目に見えるほどのフケが落ちたら、この病気の可能性があるので、皮膚科に行きましょう。

フケでなく
皮膚病の可能性も

健康な髪をつくる頭皮マッサージ

頭皮も加齢によってハリがなくなり、たるんできます。マッサージで血行をよくしてハリを保ちましょう。

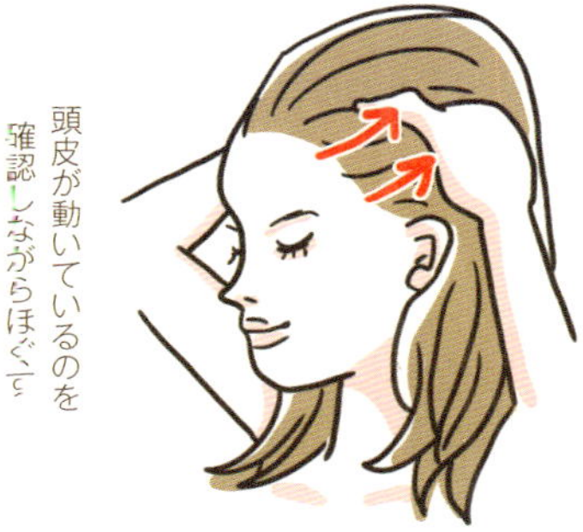
頭皮が動いているのを
確認しながらほぐして

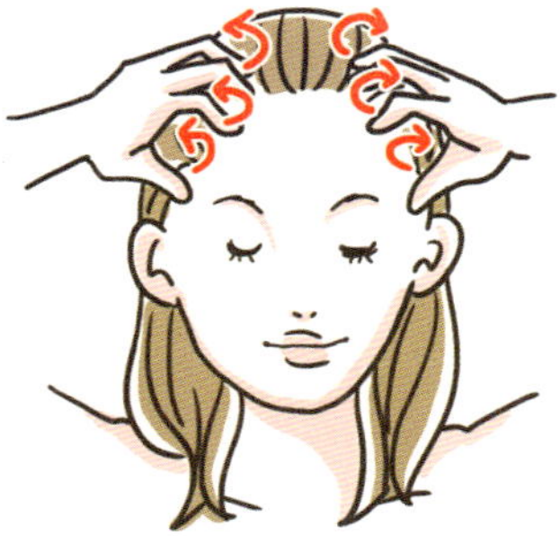

❶ 耳の横に手を置き、５本の指の腹をゆっくりすべらせて、頭の両側の皮膚を側頭部から後頭部へ押し上げる。

❷ 親指がこめかみにくるようにして、指の腹で頭皮をつかみ、円を描くように側頭部から後頭部へ揉みほぐす。

シャンプー前のブラッシング

ブラッシングでからみやホコリを落としてからシャンプーを行うと汚れをしっかり落とせます。

マッサージ効果もあり！

洗髪の前に毛先からブラッシングして、からんだ髪をほぐし、ホコリや抜け毛を落としましょう。ブラッシングすることで、頭皮にも適度な刺激を与え、マッサージ効果も期待できます。

豚毛や猪毛が
理想的

天然の毛を使った専用ブラシを使うとパサつきを抑え、ツヤが出る効果も。

正しいシャンプーの方法

シャンプーは髪よりも、頭皮の汚れを落とすことに重点を置きましょう。また、シャンプー前にはブラッシング（→ P181）を必ずしましょう。

2分くらい予洗いをすると
汚れの約70%が落ちる

頭皮に直接つけるのはNG

❶ 髪に指を通しながら、地肌までしっかり濡らす。

❷ 手のひらでシャンプーを泡立てる。

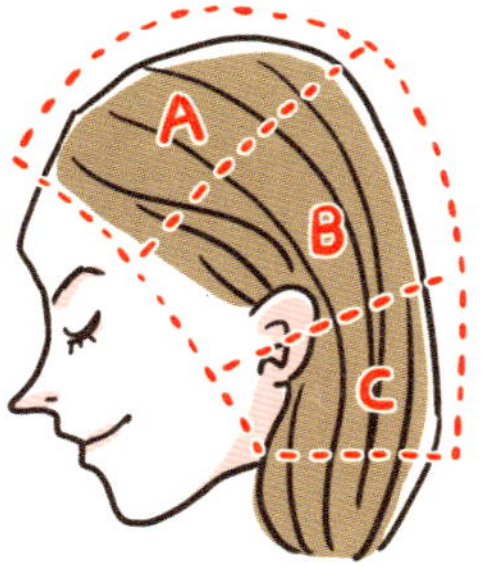
A
B
C

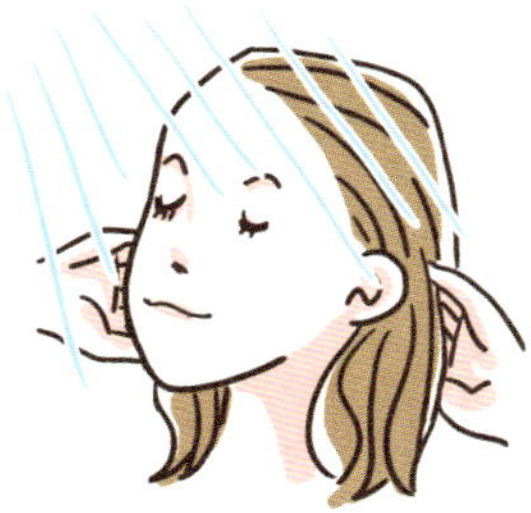
シャンプーの時より
たっぷり時間をかけてすすぐ

❸ 泡が地肌全体に行き渡るように指の腹でマッサージしながら A、B、C の部分を３回繰り返し洗う。

❹ 髪に指を通しながら、ヌルつきがなくなるまで、地肌と髪のシャンプーを洗い流す。

熱いシャワーは地肌とキューティクルを傷つけるため NG。38 度くらいのぬるま湯がベスト。

シャンプーの成分

シャンプーは、成分をチェックして選びましょう。成分表示に、ラウリルや硫酸とあったら注意。

アミノ酸系	界面活性剤にアミノ酸系の成分を使っているシャンプー。低刺激でやさしいので、抜け毛に悩む人や肌が弱い人におすすめ。 例 グリシン、メチルアラニン、グルタミン酸、メチルタウリン など
高級アルコール系・石油系	鉱油や動物油脂などからつくられ、市販のシャンプーの大半を占める。強い洗浄力があり、必要な皮脂やキューティクルまではがすことも。 例 ラウリル硫酸 Na、ラウリル硫酸カリウム など
石けん系	肌への刺激が少なく、洗浄力もあるのが特徴。洗った直後にきしむが、使ううちに解消される。 例 脂肪酸 Na、脂肪酸カリウム、石けん素地 など

コンディショナーとトリートメント

それぞれの特徴を知って使い分けしましょう。

髪を保護するコンディショナー

髪の表面に保護膜をつくるため髪のすべりがよくなり、パサつきも抑えられます。

髪を修復するトリートメント

髪の毛の内部に栄養を浸透させ、傷みを補修したり、髪質をコントロールします。

「地肌をマッサージ」など特別な記載がないものは、髪の毛だけにつけるようにして、なでるようにやさしく洗い流します。

3章 生活習慣

つめ

爪は皮膚が進化したもの 乾燥ケアが基本です

爪は皮膚と同じように、タンパク質が主成分。肌のケアに比べて、爪はおろそかになりがちですが、汚れていると不潔な印象を与えかねません。仕事でカラーができなくても、きちんと整えていると好印象！　ケアの基本は保湿です。ハンドクリームを爪や爪の周りに揉み込むように塗りましょう。

気になる爪の状態

これって病気？　気になる爪の状態をチェック。

・白っぽい点がある

爪白斑と呼ばれるもの。病気ではなく、爪が生え変わると自然になくなります。

・緑色

緑膿菌などの細菌感染なので皮膚科へ行きましょう。

・縦線が入っている

皮膚のシワのようなもので、年をとるとできやすい。爪磨きで軽く磨くと目立ちません。

リムーバーに注意

マニキュアやジェルそのものは、爪にそれほど負担をかけませんが、リムーバー（除光液）は刺激が強い成分が含まれているので、使う頻度を減らしましょう。ネイルアートを楽しむ人は、爪を休ませる日をつくる、爪の根元をマッサージするなど、いたわる習慣をつけましょう。

除光液をたっぷり含ませたコットンでサッと拭く

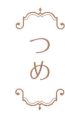

豚レバーのアーモンドがけ

ささくれは、乾燥とビタミン不足のサイン。ビタミンB群、ビタミンA、C、Eと亜鉛を含む食品をとりましょう。

材料（2人分）

- 豚レバー…100g
- A
  - 酒…小さじ1
  - しょうゆ…小さじ1
  - ショウガ…ひとかけ
- 片栗粉…大さじ3
- B
  - 砂糖…小さじ2
  - しょうゆ…小さじ2
  - みりん…小さじ1/2
  - 酢…小さじ1
- アーモンドスライス…15g
- 油…適宜

作り方

1. レバーを短冊切りにして、水洗いし、Aで下味をつける。
2. ①に片栗粉をまぶし、中に火が通るまで揚げ、皿に盛りつける。
3. Bをフライパンで熱し、砂糖が溶けたら、②の上にかけ、アーモンドスライスをまぶす。

正しい爪の切り方

乾燥した状態で爪を切ると二枚爪になることも。水分を与えてから切れば、爪切りでもキレイに切れます。

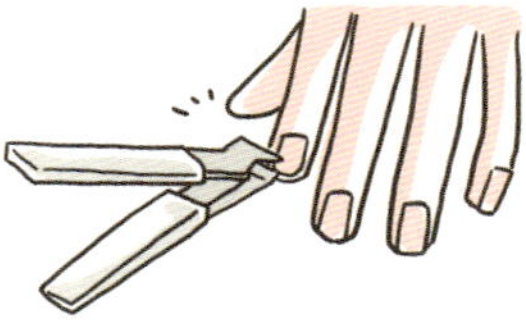

1. 洗面器などにぬるま湯を入れ、爪を浸ける。
2. 1～2mm程度の長さを端から少しずつカットしていく。切り終わったら爪やすりで整える。

漢方薬で美肌に

漢方薬は、体の不調を整えて自身の自然治癒力を高めるもの。複合的な理由で肌トラブルのある人に向いています。

乾燥肌を和らげる

乾燥肌は、血が関係していると考えられています。このため、血の巡りや、貧血を改善する漢方薬が用いられます。

代表的な漢方薬

当帰飲子（とうきいんし）、四物湯（しもつとう）、
芎帰膠艾湯（きゅうききょうがいとう）、温清飲（うんせいいん）、
十全大補湯（じゅうぜんたいほとう）、
当帰芍薬散（とうきしゃくやくさん）など

ニキビの熱を抑える

ニキビの炎症を熱ととらえ、その熱を抑えたり、余分な熱が発生しないように体のバランスを整える漢方薬で治療をします。

代表的な漢方薬

清上防風湯（せいじょうぼうふうとう）、
当帰芍薬散（とうきしゃくやくさん）、
桂枝茯苓丸加薏苡仁（けいしぶくりょうがんかよくいにん）、
荊芥連翹湯（けいがいれんぎょうとう）など

脂性肌ケア

皮脂分泌過多に傾いた体質を改善するために、漢方ではホルモンバランスを整えたり、改善したりする作用のある薬が使われます。

テカテカ

代表的な漢方薬

竜胆瀉肝湯（りゅうたんしゃかんとう）、五涼華（ごりょうか）、半夏瀉心湯（はんげしゃしんとう）、黄連解毒湯（おうれんげどくとう）、杞菊地黄丸（こぎくじおうがん）、知柏地黄丸（ちばくじおうがん）　など

市販の漢方薬で、自分に合うか
試してみるのもいい

どこで入手できる？

漢方に詳しい医師に相談するのがおすすめ。ネットなどで漢方薬を扱う病院を検索してみましょう。

ニキビなどは、漢方薬を扱う病院で治療をすれば、保険が適用されるので、じっくり治療したい人は利用しましょう。

再び同窓会
○×高校
同窓会
うわー
迷うわー
ブロッコリーのビタミンCとトマトのリコピンでシミ予防
アボカドのビタミンEでむくみ予防
ブロッコリーとトマトのサラダ
マグロとアボカドのワサビしょう油
美肌にはこれもオススメよ
サーモンのムニエル
めぐもずいぶん美肌の知識を身につけたわね
とりまきのみなさん
あいかわらずモテモテですね

あなたも
十分キレイよ
気づいてないの?
次なに食べようかな
ねえキミ何組だった?
一緒に飲もうよ!
いつの間にやら
モテ期到来!!
チヤホヤ
チヤホヤ
あたしB組のめぐみ
となりじゃん
ロブスター食う?
思い起こせば
1年前…
シミ
小ジワ
カサカサ
美紀に出会って
あなたの肌がどうしても気になって
店長を紹介してもらって
そんな丸ごしで紫外線と戦えると思っているの
フーッ

私だけでなく…
博子先輩は息子さんの学校で美魔女ママとして有名になって
やせたの
20代ママのカリスマらしいし
さすがですーーっ
教えてくださーい
後輩の奈々ちゃんは美肌情報をつぶやいていたらフォロワー5000人オーバー
新しい美肌術は…
美紀さまのおかげです
でしょ
一生ついていきます

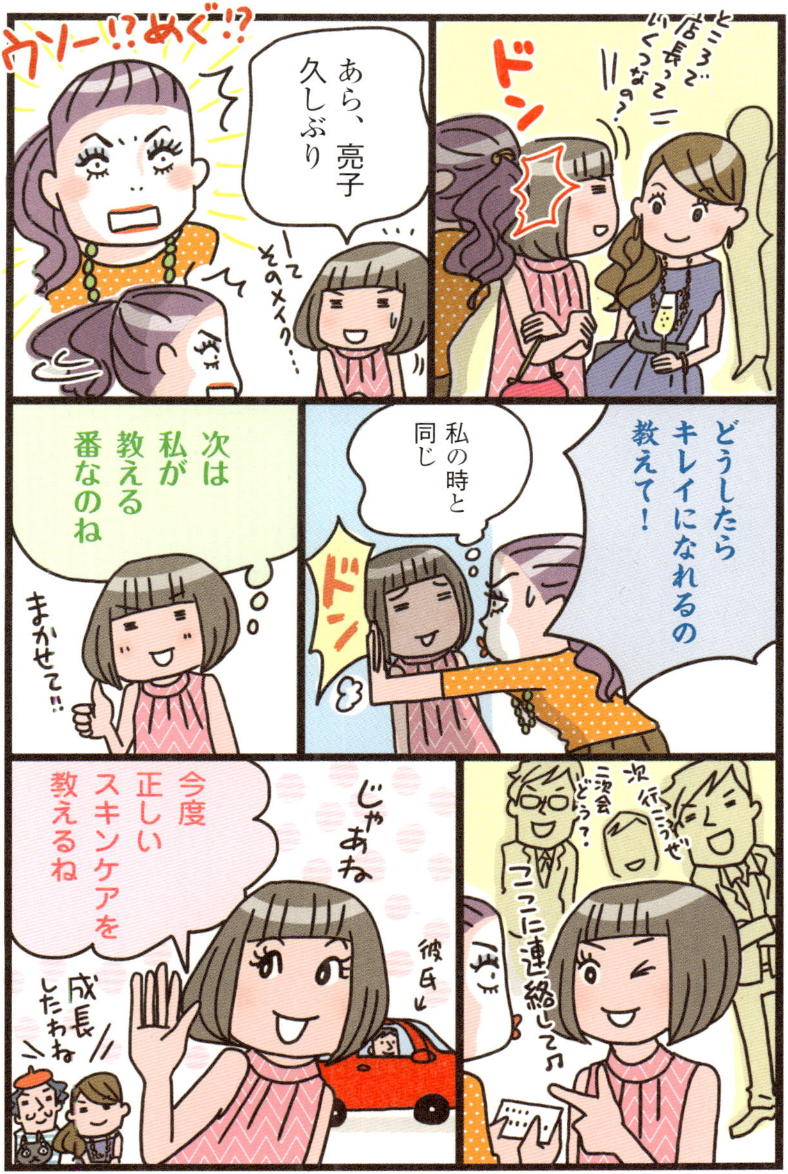
ところで店長っていくつなの？
ドン
ウソー!?めぐ!?
あら、亮子久しぶり
ってそのメイク…
どうしたらキレイになれるの教えて！
私の時と同じ
ドン
次は私が教える番なのね
まかせて!!
次行こうぜ
二次会どう？
ここに連絡して♪
じゃあね
今度正しいスキンケアを教えるね
彼氏
成長したわね

[監修] 久野 菊美（くの きくみ）

皮膚科医・美容皮膚科医

日本皮膚科学会会員。1996年、愛知医科大学医学部卒業。同大学皮膚科助手。2008年、はるかクリニック開院。「きれいになりたい」という女性の気持ちに寄り添った治療で、患者の健康的な美しさをサポートしている。

はるかクリニック　http://www.haruka-clinic.com

[参考文献]

いちばんわかるスキンケアの教科書（講談社）／正しいスキンケア事典（高橋書店）／美肌の教科書（主婦と生活社）／肌のきれいな人がやっていること、いないこと（あさ出版）他

[写真提供] Shutterstock.com

おうちケアで−5歳の肌になる

美肌BOOK

監修
久野菊美

イラスト
すぎやまえみこ（PENGUINBOOTS）

カバーデザイン
宮下ヨシヲ（サイフォン グラフィカ）

本文デザイン
渡辺靖子（リベラル社）

編集
鈴木ひろみ（リベラル社）

編集人
伊藤光恵（リベラル社）

2015年5月25日　初版

編　集　リベラル社
発行者　隅田直樹
発行所　株式会社 リベラル社
〒460-0008
名古屋市中区栄3-7-9 新鏡栄ビル8F
TEL 052-261-9101　FAX 052-261-9134
http://liberalsya.com

発　売　株式会社 星雲社
〒112-0012
東京都文京区大塚3-21-10
TEL 03-3947-1021

印刷・製本　株式会社 チューエツ

ISBN978-4-434-20666-5